HEYNE ‹

HEYNE KOCHBÜCHER

DR. OETKER

NOCH MEHR

PARTY REZEPTE

REITERSUPPE, MEXIKANISCHE SCHNITZELPFANNE,
WINZERROULADE, DREI-SCHICHTEN-PUDDING...

WILHELM HEYNE VERLAG
MÜNCHEN

Gründe für eine Party gibt es immer wieder: Geburtstag, Hochzeitstag, Jubiläum, Silvester oder einfach nur ein nettes Wiedersehen mit Freunden.

Nach dem großen Erfolg von »Partyrezepte« kommen jetzt »Noch mehr Partyrezepte« wie gerufen, denn wer möchte seine Gäste nicht gerne mit neuen Gerichten überraschen? Wer ständig auf der Suche nach raffinierten, aber einfach zuzubereitenden Rezepten ist, kommt hier auf seine Kosten.

Ein weiterer großer Vorteil dieser Rezepte ist, dass sie meistens schon einige Stunden vorher oder sogar am Vortag vorbereitet werden können, so dass Sie als Gastgeber das Fest genauso genießen können wie Ihre Gäste.

Die Rezepte sind, soweit nicht anders vermerkt, auf 12 Gäste ausgerichtet.

Kapitelübersicht

Häppchen & Snacks
Seite 8–27

Alles aus einem Topf
Seite 28–41

Aus dem Ofen, auf dem Tisch
Seite 42–71

Fleischspezialitäten
Seite 72–89

Kleine Häppchen oder Snacks sind sehr beliebt und es gibt immer eine Gelegenheit dafür, ob als kleiner Imbiss oder auf einem Buffet: Kleinigkeiten mit großer Wirkung.

Tortilla vom Blech

Zubereitungszeit: 90 Min.

Pro Portion:
E: 12 g, F: 11 g, Kh: 13 g,
kJ: 852, kcal: 203

- ■ **750 g Kartoffeln**
- ■ **1 rote Paprikaschote**
- ■ **1 Bund Frühlingszwiebeln**
- ■ **150 g Zucchini**
- ■ **2 EL Olivenöl**
- ■ **Salz**
- ■ **frisch gemahlener Pfeffer**
- ■ **14 Eier**
- ■ **250 ml (¼ l) Milch**
- ■ **2 EL Schnittlauchröllchen**

1 Kartoffeln schälen, waschen und in dünne Scheiben schneiden. Paprikaschote halbieren, entstielen, entkernen, die weißen Scheidewände entfernen, Schote waschen und in Würfel schneiden.

2 Frühlingszwiebeln putzen, waschen und in dünne Ringe schneiden. Von den Zucchini die Enden abschneiden, Zucchini waschen und ebenfalls in dünne Scheiben schneiden.

3 Öl in einer Pfanne erhitzen. Die Kartoffeln und das Gemüse dazugeben und von allen Seiten etwa 10 Minuten goldbraun braten.

4 Mit Salz und Pfeffer bestreuen und die Kartoffel-Gemüse-Mischung in eine gefettete Fettfangschale geben.

5 Eier mit Milch verquirlen, mit Salz und Pfeffer würzen. Schnittlauchröllchen unterrühren und den Guss über das Gemüse gießen. Die Fettfangschale in den Backofen schieben.

Ober-/Unterhitze:
etwa 180 °C (vorgeheizt)
Heißluft: etwa 160 °C
(nicht vorgeheizt)
Gas: Stufe 2–3 (vorgeheizt)
Backzeit: 30–40 Min.

Herrentorte, pikant

Zubereitungszeit: 45 Min.

Pro Portion:
E: 25 g, F: 33 g, Kh: 38 g,
kJ: 2674, kcal: 639

■ **3 Fladenbrote**

Für die Füllung:
■ **750 g Magerquark**
■ **1,2 kg Doppelrahm-**
   Frischkäse
■ **12 EL Milch**
■ **6 Frühlingszwiebeln**
■ **450 g Lachsschinken**
■ **Salz**
■ **frisch gemahlener**
   Pfeffer
■ **Paprika edelsüß**
■ **grüne Salatblätter**
■ **6 Tomaten, in Scheiben**
■ **3 kleine Salatgurken,**
   in Scheiben
■ **3 rote Paprikaschoten,**
   in Ringen
■ **12 Lachsschinken-**
   scheiben

1 Die Fladenbrote einmal waagerecht durchschneiden.

2 Für die Füllung Quark mit Frischkäse und Milch verrühren.

3 Die Frühlingszwiebeln putzen, waschen und in Ringe schneiden. Den Lachsschinken fein zurecht schneiden.

4 Beide Zutaten unter die Quarkmasse rühren. Mit Salz, Pfeffer und Paprika abschmecken.

5 Je drei Esslöffel der Füllung auf die unteren Böden streichen. Mit Salatblättern, Tomatenscheiben, Gurkenscheiben und Paprikaringen belegen (etwas zum Garnieren zurücklassen).

6 Die restliche Quarkmasse (9 Esslöffel zum Garnieren zurücklassen) auf dem Gemüse verteilen.

7 Die oberen Böden darauf legen und die Torten mit den zurückgelassenen Zutaten und Lachsschinkenscheiben garnieren.

■ **Tipp:**
Drei hart gekochte, gepellte, in Scheiben geschnittene Eier mit einschichten. Anstelle von Lachsschinken kann auch roher Schinken verwendet werden.
Wenn Vegetarier zu Gast sind, kann auch ganz auf Schinken verzichtet werden.

Bruschetta

Foto
Zubereitungszeit: 15 Min.

Pro Portion:
E: 4 g, F: 31 g, Kh: 20 g,
kJ: 1613, kcal: 385

- **15 vollreife Tomaten**
- **10 Knoblauchzehen**
- **3 Zwiebeln**
- **6 EL Olivenöl**
- **3 TL gerebelter Oregano**
- **Salz**
- **frisch gemahlener Pfeffer**
- **12 Scheiben helles Bauernbrot**
- **200 ml Olivenöl**

1 Tomaten kurze Zeit in kochendes Wasser legen (nicht kochen lassen), in kaltem Wasser abschrecken, enthäuten. Die Stengelansätze herausschneiden, vierteln, die Kerne entfernen, Tomaten in Würfel schneiden.

2 Knoblauchzehen und Zwiebeln abziehen, den Knoblauch in dünne Scheiben schneiden, die Zwiebeln in Würfel schneiden.

3 Olivenöl in einem Topf erhitzen, Knoblauch und Zwiebeln darin andünsten. Die Tomatenwürfel hinzufügen. Mit Oregano, Salz und Pfeffer würzen und kurz dünsten.

4 Brotscheiben halbieren, in einer Pfanne mit Olivenöl knusprig braten. Tomatenpaste auf dem Brot verteilen und sofort servieren.

- **Abwandlung:**
Tomaten nicht andünsten, mit Sardellen oder Basilikum vermengen.

Eier, garniert

Zubereitungszeit: 25 Min.

Pro Portion:
E: 11 g, F: 16 g, Kh: 2 g,
kJ: 855, kcal: 204

- **12 hartgekochte Eier**
- **200 g Doppelrahm-Frischkäse**
- **2 EL Crème fraîche**
- **Salz**
- **frisch gemahlener Pfeffer**
- **Paprika edelsüß**
- **Currypulver**

- **Shrimps**
- **je einige Blätter Radicchio- und Friséesalat**
- **2 EL Schnittlauchröllchen**

1 Eier pellen, längs halbieren, das Eigelb herauslösen und durch ein feines Sieb streichen.

2 Eigelb mit Doppelrahm-Frischkäse und Crème fraîche verrühren, mit Salz, Pfeffer, Paprika und Currypulver würzen.

3 Die Masse in einen Spritzbeutel mit Sterntülle füllen, in die ausgehöhlten Eierhälften spritzen.

4 Die gefüllten Eierhälften mit Shrimps garnieren, auf Salatblättern anrichten, mit Schnittlauchröllchen bestreuen.

Gefüllte Fleischbällchen

Foto
Zubereitungszeit: 50 Min.

Pro Portion:
E: 22 g, F: 50 g, Kh: 9 g,
kJ: 2499, kcal: 597

- 2 Brötchen
- 2 Zwiebeln
- 250 g Feta-Käse
- 1 kg Hackfleisch
  (halb Rind-,
  halb Schweinefleisch)
- 1 EL Zitronensaft
- 2 Eier
- 2 EL gehackte Petersilie
- 1 EL gehackte Minze
- Salz

- frisch gemahlener
  Pfeffer
- 1 kg Ausbackfett oder
  Butterschmalz

1 Die Brötchen in kaltem Wasser einweichen, die Zwiebeln abziehen und fein würfeln. Feta-Käse in kleine Würfel schneiden.

2 Die gut ausgedrückten Brötchen und die Zwiebelwürfel mit dem Hackfleisch, dem Zitronensaft und den Eiern zu einer geschmeidigen Masse verkneten. Petersilie und Minze hinzufügen, den Fleischteig mit Salz und Pfeffer würzen.

3 Mit einem Esslöffel kleine Portionen von der Fleischmasse abteilen, mit bemehlten Händen flach drücken, ein Stück Feta-Käse darauf geben und mit dem Fleischteig umhüllen.

4 Das Ausbackfett bis zum Siedepunkt erhitzen, die Fleischbällchen portionsweise darin fritieren, auf Küchenpapier abtropfen lassen. Oder das Butterschmalz in einer Pfanne erhitzen, die Fleischbällchen von allen Seiten darin braun braten.

- **Tipp:**
Brot oder Reis.

Gefüllte Tomaten

20 Stück
Zubereitungszeit: 30 Min.

Pro Portion:
E: 2 g, F: 3 g, Kh: 13 g,
kJ: 388, kcal: 93

- 100 g Langkornreis
- 24 kleine Tomaten
- 1 kleine, grüne
  Paprikaschote
- ½ Bund Frühlings-
  zwiebeln
- 1 kleine Dose (140 g)
  Gemüsemais

- 2–3 EL Speiseöl
- Salz
- frisch gemahlener
  Pfeffer

1 Reis nach Packungsaufschrift garen und erkalten lassen.

2 Tomaten waschen, trockentupfen, einen Deckel abschneiden und die Tomaten mit einem Teelöffel aushöhlen.

3 Paprika halbieren, entstielen, entkernen, die weißen Scheidewände entfernen, Schote waschen und fein würfeln. Frühlingszwiebeln putzen, waschen und in feine Ringe schneiden.

4 Paprika, Frühlingszwiebeln und Mais unter den Reis mischen. Öl unterrühren und mit Salz und Pfeffer abschmecken. Die Masse in die Tomaten füllen, den Deckel darauf legen.

Gefüllte Riesen-Champignons

8 Portionen
Zubereitungszeit: 70 Min.

Pro Portion:
E: 15 g, F: 21 g, Kh: 16 g,
kJ: 1361, kcal: 324

- 24 Riesen-
  Champignons (je 50 g)
- 2 EL Zitronensaft
- Salz
- frisch gemahlener
  Pfeffer
- 2 Zwiebeln
- 2 Knoblauchzehen
- 40 g Butter
- 1 rote Paprikaschote
- 6 Vollkornzwiebäcke
- 250 g Holland-
  Maasdamer
- 1 Bund glatte Petersilie
- 125 ml (⅛ l) Gemüse-
  brühe
- 1 Becher (150 g)
  Crème fraîche

1 Champignons putzen, mit Küchenpapier abreiben, evtl. abspülen, die Pilzstiele herausschneiden und fein würfeln. Die Pilzköpfe mit Zitronensaft beträufeln, mit Salz und Pfeffer würzen.

2 Zwiebeln abziehen und fein würfeln. Knoblauch abziehen und zerdrücken oder durch eine Knoblauchpresse drücken.

3 Die klein geschnittenen Pilzstiele mit Zwiebelwürfeln und zerdrückten Knoblauchzehen in zerlassener Butter andünsten.

4 Paprikaschote halbieren, entstielen, entkernen, die weißen Scheidewände entfernen, Schote waschen, fein würfeln, zu den Zwiebeln geben und weitere 5 Minuten dünsten. Etwas abkühlen lassen.

5 Zwiebäcke zerbröseln, Käse würfeln, Petersilie abspülen, trockentupfen, fein hacken. Diese Zutaten mit der Gemüsemischung vermengen.

6 Pilzhüte mit dieser Mischung bergartig füllen, in eine gefettete, flache Auflaufform setzen. Gemüsebrühe dazugießen. Die Form auf dem Rost in den Backofen schieben.

Ober-/Unterhitze:
180–200 °C (vorgeheizt)
Heißluft: 160–180 °C
(nicht vorgeheizt)
Gas: Stufe 3–4 (vorgeheizt)
Backzeit: etwa 15 Min.

7 Die Pilze aus der Form nehmen und warm stellen. Den Sud in einen Topf umfüllen, mit Crème fraîche verrühren, aufkochen lassen und mit Salz und Pfeffer abschmecken. Die Pilze mit dem Sud servieren.

- **Beilage:**
  Frisches Stangenweißbrot
  oder Fladenbrot.

Party-Baguette

Zubereitungszeit: 55 Min.

Pro Portion:
E: 73 g, F: 89 g, Kh: 105 g,
kJ: 6674, kcal: 1594

- 12 Baguette-Brötchen
- 5 Becher (je 125 g) Crème fraîche mit frischen Kräutern
- 5 rote Zwiebeln
- 8 Tomaten
- 1 Bund Basilikum
- Salz
- frisch gemahlener Pfeffer
- 250 g Salami, in Scheiben
- 250 g roher Schinken, in Scheiben
- 1,5 kg Esrom, in Scheiben
- 1 Bund Schnittlauch
- 1 Bund glatte Petersilie

1 Baguettes halbieren, die Schnittflächen mit Kräuter-Crème fraîche bestreichen.

2 Zwiebeln abziehen, in dünne Scheiben schneiden und diese gleichmäßig auf den Broten verteilen.

3 Tomaten waschen, trockentupfen, halbieren, Stengelansätze herausschneiden, Tomaten in Scheiben schneiden. Basilikumblätter von den Stengeln zupfen, vorsichtig abspülen und trockentupfen.

4 Acht Baguettehälften mit Tomatenscheiben belegen, mit Salz und Pfeffer würzen, mit Basilikumblättchen (einige zum Garnieren zurücklassen) belegen.

5 Acht Baguettehälften mit Salami, die anderen acht Baguettehälften mit Schinken belegen, mit Pfeffer würzen.

6 Alle Baguettestücke gleichmäßig mit Käse belegen. Auf Backbleche legen und in den Backofen schieben.

**Ober-/Unterhitze:
etwa 200 °C (vorgeheizt)
Heißluft: etwa 180 °C
(nicht vorgeheizt)
Gas: Stufe 3–4 (vorgeheizt)
Backzeit: 15–20 Min.**

7 Schnittlauch und Petersilie abspülen und trockentupfen. Schnittlauch in feine Röllchen schneiden, Petersilie fein schneiden.

8 Die Salami-Baguettes mit Schnittlauch, die Schinken-Baguettes mit Petersilie und die Tomaten-Baguettes mit Basilikum bestreuen.

Gemüse-Crostini

Foto
Zubereitungszeit: 45 Min.

Pro Portion:
E: 17 g, F: 23 g, Kh: 29 g,
kJ: 1741, kcal: 416

- 150 g Butter
- 600 g Zucchini, in feine Würfel geschnitten
- 450 g rote, grüne und gelbe feine Paprikawürfel
- 600 g feine Tomatenwürfel
- 6 abgezogene, zerdrückte Knoblauchzehen
- 3 Pck. (je 250 g) Mozzarella

- 3 EL gemischte, gehackte Kräuter, z. B. Thymian, Basilikum, Petersilie
- Salz
- frisch gemahlener Pfeffer
- 36 Scheiben Baguette

1 Die Butter erhitzen und die Gemüsewürfel zusammen mit dem Knoblauch 3–4 Minuten andünsten, dann abkühlen lassen.

2 Mozzarella in Würfel schneiden und mit den Kräutern unter das Gemüse mischen. Das Ganze mit Salz und Pfeffer abschmecken.

3 Die Baguettescheiben auf ein Backblech legen, die Gemüse-Käse-Mischung auf den Brotscheiben verteilen und das Backblech in den Backofen schieben.

Ober-/Unterhitze: etwa 200 °C (vorgeheizt)
Heißluft: etwa 180 °C (nicht vorgeheizt)
Gas: Stufe 3–4 (vorgeheizt)
Backzeit: 5–6 Min.

- **Tipp:**
Die Gemüse-Käse-Mischung kann auch am Vortag vorbereitet werden.

Krosse Käsestangen

Zubereitungszeit: 2½ Std.

Pro Portion:
E: 18 g, F: 53 g, Kh: 36 g,
kJ: 3037, kcal: 726

- 500 g Weizenmehl (Type 1050)
- 500 g geriebener Chester-Käse
- 500 g Butter in Flöckchen
- 4 Eigelb
- 4 EL Milch
- 8 EL zerdrückte Zigeunerchips

- 8 EL zerdrückte Kartoffelsticks

1 Mehl in eine Schüssel geben, mit Käse und Butter schnell zu einem glatten Teig verkneten. Den Teig etwa 1 Stunde in Folie gewickelt im Kühlschrank ruhen lassen.

2 Den Teig dünn ausrollen, 1 cm breite und 8 cm lange Streifen daraus schneiden oder ausrädeln.

3 Eigelb mit Milch verschlagen, die Teigstreifen

damit bestreichen. Die Hälfte der Stangen mit Zigeunerchips, die andere Hälfte mit Kartoffelsticks bestreuen.

4 Die Käsestangen auf ein gefettetes Backblech legen, in den Backofen schieben.

Ober-/Unterhitze: etwa 200 °C (vorgeheizt)
Heißluft: etwa 180 °C (nicht vorgeheizt)
Gas: etwa Stufe 3 (vorgeheizt)
Backzeit: 10–15 Min.

Schinken-Käse-Brötchen

Foto – 30 Brötchenhälften

Zubereitungszeit: 40 Min.

Pro Portion:
E: 26 g, F: 49 g, Kh: 35 g,
kJ: 3003, kcal: 717

- **400 g gekochter Schinken**
- **400 g roher Schinken**
- **400 g mittelalter Gouda oder Edamer**
- **250 g Butter**
- **200–250 ml Schlagsahne**
- **Salz, Pfeffer**
- **Paprika edelsüß**
- **geriebene Muskatnuss**
- **15 Brötchen**

1 Gekochten und rohen Schinken und Käse in Würfel schneiden, Butter geschmeidig rühren.

2 Schinken- und Käsewürfel und so viel Sahne unter die Butter rühren, dass eine feste, aber streichfähige Masse entsteht. Die Masse mit Salz, Pfeffer, Paprika und Muskat abschmecken.

3 Die Brötchen halbieren und mit der Schinken-Käse-Masse bestreichen. Die Brötchenhälften auf einem Backblech verteilen und in den Backofen schieben.

Ober-/Unterhitze:
etwa 200 °C (vorgeheizt)
Heißluft: etwa 180 °C
(nicht vorgeheizt)
Gas: Stufe 3–4 (vorgeheizt)
Backzeit: etwa 15 Min.

Fruchtige Piroggen

Zubereitungszeit: 45 Min.

Pro Portion:
E: 7 g, F: 21 g, Kh: 28 g,
kJ: 1425, kcal: 340

- **24 Scheiben (je 45 g) TK-Blätterteig**
- **300 g gelbes Kürbisfleisch (ohne Schale und Kerne)**
- **4 EL Zwetschgenwasser**
- **75 g gewürfeltes Zitronat**
- **200 g Weichkäse mit Blauschimmel**
- **2 EL brauner Farinzucker**
- **1 Msp. gemahlene Nelke**
- **frisch gemahlener weißer Pfeffer**
- **1 Eiweiß, 2 Eigelb**
- **2 EL Wasser**

1 Blätterteig zugedeckt bei Zimmertemperatur auftauen lassen. Kürbisfleisch in Würfel schneiden und mit 4 Esslöffel Wasser kurz andünsten. Kürbis mit Zwetschgenwasser, Zitronat und Käse mischen. Mit Zucker, Nelken und Pfeffer würzen.

2 Blätterteig etwas ausrollen und Kreise von etwa 14 cm Durchmesser ausstechen. Auf jeden Kreis je 1 Teelöffel Füllung häufen.

Den Rand der Teigscheiben mit Eiweiß bestreichen, zusammenklappen und fest andrücken.

3 Eigelb mit Wasser verrühren, die Piroggen damit bestreichen und sie auf ein mit kaltem Wasser abgespültes Backblech legen und in den Backofen schieben.

Ober-/Unterhitze:
etwa 200 °C (vorgeheizt)
Heißluft: etwa 180 °C
(nicht vorgeheizt)
Gas: Stufe 3–4 (vorgeheizt)
Backzeit: 12–15 Min.

Clubsandwiches

Foto
Zubereitungszeit: 40 Min.

Pro Portion:
E: 15 g, F: 58 g, Kh: 20 g,
kJ: 2811, kcal: 672

- **1 Kopfsalat (oder Eisbergsalat, Lollo Bianco)**
- **6 kleine Tomaten**
- **1 kleine Salatgurke**
- **24 Scheiben Frühstücksspeck**
- **12 Scheiben Toastbrot**
- **100 g Butter**
- **12 kleine Scheiben geräucherte Putenbrust**
- **4 EL Mayonnaise**
- **12 Oliven, mit Paprika gefüllt**
- **12 Cornichons**

1 Salat putzen, zerpflücken, waschen, gut abtropfen lassen oder trockenschleudern.

2 Tomaten waschen, trockentupfen, die Stengelansätze herausschneiden, Tomaten in Scheiben schneiden. Salatgurke waschen, in Scheiben schneiden.

3 Frühstücksspeck knusprig braten. Toastbrot toasten und mit Butter bestreichen.

4 4 Scheiben Toastbrot mit je einem Salatblatt und Putenbrust belegen, je 1 Esslöffel Mayonnaise darauf geben, mit Gurkenscheiben bedecken, darauf eine weitere Scheibe gebuttertes Toastbrot legen, mit Tomatenscheiben und angebratenem Frühstücksspeck belegen, mit einer dritten Scheibe Toastbrot bedecken.

5 Etwas andrücken, diagonal durchschneiden.

6 Cocktailspieße mit Oliven und Cornichons garnieren und in die Sandwich-Hälften stecken.

Puten-Sandwich

Zubereitungszeit: 30 Min.

Pro Portion:
E: 24 g, F: 3 g, Kh: 14 g,
kJ: 838, kcal: 200

- **12 Scheiben Weißbrot**
- **Mayonnaise oder Remoulade**
- **12 gewaschene Salatblätter**
- **36 Scheiben Putenbrust**
- **8 Tomaten**
- **Salz**
- **frisch gemahlener Pfeffer**
- **gemahlener Rosmarin**
- **Kresse**

1 Weißbrot mit Mayonnaise oder Remoulade bestreichen, mit jeweils 1 Salatblatt belegen.

2 Putenbrustscheiben zur Hälfte zusammenklappen, jeweils drei auf einer Weißbrotscheibe dachziegelartig anrichten.

3 Tomaten waschen, abtrocknen, die Stengelansätze herausschneiden, die Tomaten in Scheiben schneiden, zwischen das Putenfleisch legen, mit Salz, Pfeffer und Rosmarin bestreuen und mit Mayonnaise oder Remoulade und Kresse garnieren.

Gefüllter Sesamring

Foto
Zubereitungszeit: 25 Min.

Pro Portion:
E: 13 g, F: 30 g, Kh: 16 g,
kJ: 1680, kcal: 402

- **6 Sesamringe**
  (Ø etwa 14 cm)
- **6 EL Olivenöl**

Für die Füllung:
- **600 g Schafskäse**
- **800 g in Öl eingelegtes**
  Gemüse, z. B. Zwiebeln,
  Knoblauch, Arti-
  schocken, schwarze
  entkernte Oliven,
  getrocknete eingelegte
  Tomaten

- **200 g Mascarpone**
- **8 EL Schlagsahne**

1 Sesamringe quer halbieren, die Schnittflächen mit etwas Olivenöl beträufeln.

2 Für die Füllung Schafskäse mit einer Gabel zerdrücken.

3 Das eingelegte Gemüse in kleine Würfel schneiden und mit Mascarpone und Sahne verrühren.

4 Die Füllung auf die Ringhälften streichen und diese zusammensetzen.

■ **Tipp:**
Der Schafskäse kann auch durch Doppelrahm-Frischkäse ersetzt werden. Allerdings muss die Füllung dann mit Salz nachgewürzt werden. Nach Belieben kann die Käsecreme auch noch mit Knoblauch und frischen Kräutern gewürzt werden.

Thunfisch-Sandwich

Zubereitungszeit: 20 Min.

Pro Portion:
E: 9 g, F: 15 g, Kh: 13 g,
kJ: 957, kcal: 233

- **500 g Thunfisch in Öl**
  (aus der Dose)
- **12 Scheiben**
  Toastbrot
- **Remoulade**
- **6 gewaschene Salat-**
  blätter

1 Thunfisch abtropfen lassen. Toastbrot mit Remoulade bestreichen.

2 Salatblätter in Streifen schneiden, die Hälfte des Salates auf 6 Toastbrotscheiben verteilen.

3 Den Thunfisch zerpflücken, auf die mit Salat belegten Toastbrotscheiben verteilen.

4 Den restlichen Salat auf den Thunfisch geben und mit den übrigen Toastbrotscheiben belegen. Die Brote diagonal durchschneiden.

■ **Tipp:**
Die Brote zusätzlich mit Tomatenachteln belegen.

Aufgewärmt oder warm gehalten, solange der Vorrat reicht, kann aus dem Topf gelöffelt werden.

Alles aus einem Topf

Lumpensuppe

Zubereitungszeit: 70 Min.

Pro Portion:
E: 41 g, F: 25 g, Kh: 40 g,
kJ: 2463 , kcal: 589

- ■ 1 kg Rindergulasch
- ■ 5 EL Speiseöl
- ■ 1 kg Zwiebeln
- ■ 2 EL Paprika edelsüß
- ■ 2 EL Weizenmehl
- ■ 1 l Fleischbrühe
- ■ 1 Dose (400 ml) Gulaschsuppe
- ■ 1 Glas (420 g) Erbsen und Möhren
- ■ 1 Glas (315 g) Champignons, in Scheiben
- ■ 1 Glas (450 g) Tomatenpaprika, in Streifen
- ■ 1 Glas (450 g) Preiselbeeren
- ■ 250 g Tomaten-Ketchup
- ■ Salz
- ■ frisch gemahlener Pfeffer

1 Gulasch in 1 x 1 cm große Würfel schneiden und portionsweise in heißem Öl kräftig anbraten.

2 Zwiebeln abziehen, in feine Würfel schneiden und ebenfalls anbraten. Mit Paprika und Mehl abstäuben, kurz anrösten.

3 Mit Brühe auffüllen, aufkochen lassen und bei schwacher Hitze etwa 45 Minuten köcheln lassen.

4 Gulaschsuppe, Erbsen und Möhren, Champignons, Tomatenpaprika und Preiselbeeren (mit dem Saft) zum Gulasch geben, unter Rühren aufkochen lassen. Ketchup unterrühren.

5 Die Suppe mit Paprika, Salz und Pfeffer würzen.

■ **Beilage:**
Bauernbrot.

Feuertopf, scharf-süss

Zubereitungszeit: 40 Min.

Pro Portion:
E: 41 g, F: 25 g, Kh: 23 g,
kJ: 2093, kcal: 498

- **2 kg Schnitzelfleisch**
- **10 EL Speiseöl**
- **4 rote Paprikaschoten**
- **4 grüne Paprikaschoten**
- **2 Gläser (je 190 g) Silberzwiebeln**
- **2 Gläser (je 360 g) Champignons**
- **1 Dose (560 g) Ananasstücke, mit Saft**
- **500 ml (½ l) Chilisauce**
- **3 TL Paprika edelsüß**
- **5–6 EL Tomatenmark**
- **500 ml (½ l) Wasser oder Gemüsebrühe**
- **5–6 Spritzer Tabasco**
- **etwas Cayennepfeffer**
- **Salz**
- **frisch gemahlener Pfeffer**
- **1 Prise Zucker**
- **3 Becher (je 150 g) saure Sahne**

1 Fleisch unter fließendem kaltem Wasser abspülen, trockentupfen und in Streifen schneiden.

2 Speiseöl in einem großen Topf erhitzen, das Fleisch darin portionsweise anbraten.

3 Paprikaschoten halbieren, entstielen, entkernen, die weißen Scheidewände entfernen, die Schoten waschen und in Streifen schneiden. Paprikastreifen hinzugeben und etwa 10 Minuten mitschmoren.

4 Silberzwiebeln und Champignons abtropfen lassen und zu dem Fleisch geben.

5 Ananasstücke mit Saft, Chilisauce, Paprika, Tomatenmark und Wasser oder Gemüsebrühe hinzugeben, zum Kochen bringen und alles etwa 25 Minuten schmoren.

6 Mit Tabasco und Cayennepfeffer würzen, mit Salz, Pfeffer und etwas Zucker abschmecken. Zum Schluss die saure Sahne unterrühren und alles nochmals kurz erwärmen.

■ **Beilage:**
Dazu Reis oder frisches Stangenweißbrot reichen.

Bohnensuppe mit Lammfleisch

Zubereitungszeit: 50 Min.

Pro Portion:
E: 10 g, F: 30 g, Kh: 3 g,
kJ: 1412, kcal: 337

- 300 g durchwachsener, geräucherter Speck
- 4 EL Speiseöl
- 400 g Lammfleisch (ohne Knochen)
- 5 mittelgroße Zwiebeln
- 3 Möhren
- 100 g junge grüne Bohnen
- 1 Zucchini (etwa 250 g)
- 2 l heiße Gemüsebrühe
- 1 TL gerebeltes Bohnenkraut
- 1 TL gerebelter Majoran
- 1 kleine Peperoni
- Salz
- frisch gemahlener Pfeffer
- geriebene Muskatnuss
- 1 Becher (150 g) Crème fraîche
- feingeschnittener Schnittlauch

1 Speck in feine Würfel schneiden und in erhitztem Öl anbraten. Speckwürfel herausnehmen und beiseite stellen.

2 Lammfleisch unter fließendem kaltem Wasser abspülen, trockentupfen, evtl. von den Sehnen befreien, Fleisch in feine Streifen schneiden und in dem Speckfett anbraten. Dann aus der Pfanne nehmen und warm stellen.

3 Zwiebeln abziehen, fein würfeln und in dem Speckfett etwas anbräunen. Möhren putzen, schälen, waschen, in Würfel schneiden. Bohnen abfädeln, die Enden abschneiden, waschen, in

Stücke schneiden. Von der Zucchini die Enden abschneiden, Zucchini waschen und in Würfel schneiden.

4 Das Gemüse zum Fleisch geben, etwa 5 Minuten dünsten, Gemüsebrühe hinzugießen und etwa 20 Minuten garen lassen.

5 Bohnenkraut und Majoran unterrühren. Peperoni halbieren, entkernen, waschen, fein hacken und in die Suppe geben.

6 Die Suppe mit den Gewürzen abschmecken, auf Tellern anrichten. Je 1 Teelöffel Crème fraîche in die Suppe geben und mit Schnittlauch bestreut servieren.

- **Beilage:**
Fladenbrot.

Feuerbohnentopf

Foto
Zubereitungszeit: 45 Min.

Pro Portion:
E: 28 g, F: 32 g, Kh: 27 g,
kJ: 2274, kcal: 542

- 7 EL Speiseöl
- 1,2 kg Hackfleisch (halb Rind-, halb Schweinefleisch)
- 4 große Zwiebeln
- 2 gelbe Paprikaschoten
- 2 rote Paprikaschoten
- 1 grüne Paprikaschote
- 5 EL Tomatenmark
- 750 ml (¾ l) Gemüsebrühe

- 2 Dosen (je 255 g) rote Bohnen
- 1 Dose (425 g) Gemüsemais
- 300 ml Chilisauce
- Salz
- frisch gemahlener Pfeffer

1 Das Öl in einem großen Topf erhitzen. Das Hackfleisch darin anbraten. Zwiebeln abziehen, fein würfeln. Paprikaschoten halbieren, entstielen, entkernen, die weißen Scheidewände entfernen, die Schoten waschen und in Streifen schneiden.

2 Zwiebelwürfel und Paprikastreifen hinzufügen, etwa 10 Minuten schmoren lassen, dabei öfters umrühren. Das Tomatenmark hinzufügen, umrühren. Dann die Gemüsebrühe dazugeben.

3 Zum Kochen bringen und etwa 10 Minuten garen. Die Bohnen abtropfen lassen. Zusammen mit dem Mais und der Chilisauce zu der Suppe geben. Aufkochen lassen, mit Salz und Pfeffer abschmecken.

- **Beilage:**
Stangenweißbrot.

Zwiebelsuppe mit Käse

Zubereitungszeit: 50 Min.

Pro Portion:
E: 10 g, F: 18 g, Kh: 23 g,
kJ: 1327, kcal: 318

Für die Zwiebelsuppe:
- 1,8 kg Gemüsezwiebeln
- 150 g Butter
- 1¼ l Fleischbrühe
- 250 ml (¼ l) Weißwein
- Salz
- frisch gemahlener Pfeffer

Für die Käsecroûtons:
- 12 Scheiben Toastbrot
- 150 g geriebener mittelalter Gouda

1 Für die Zwiebelsuppe Gemüsezwiebeln abziehen, vierteln und in Streifen schneiden.

2 Butter zerlassen, die Zwiebelstreifen darin goldgelb andünsten. Fleischbrühe und Weißwein hinzugießen, mit Salz und Pfeffer würzen, zum Kochen bringen und etwa 10 Minuten kochen lassen.

3 Die Suppe evtl. nochmals mit Salz und Pfeffer abschmecken.

4 Für die Käsecroûtons Toastbrot in Dreiecke schneiden, von einer Seite toasten, die ungetoastete Seite mit Gouda bestreuen. Toastscheiben auf einem Backblech in den Backofen schieben und unter dem vorgeheizten Grill etwa 2 Minuten grillen (bis der Käse geschmolzen ist).

5 Die Zwiebelsuppe auf Suppenteller oder -tassen verteilen, kurz vor dem Servieren auf jede Portion 2 Käsecroûtons geben oder die Croûtons getrennt reichen.

Reitersuppe

Foto
Zubereitungszeit: 40 Min.

Pro Portion:
E: 21 g, F: 29 g, Kh: 17 g,
kJ: 1845, kcal: 441

- 5 Zwiebeln
- 6 EL Speiseöl
- Salz, Pfeffer
- 1 kg Gehacktes
  (halb Rind-, halb
  Schweinefleisch)
- 2 Dosen (je 400 g)
  Ochsenschwanzsuppe
- 800 ml Wasser
- 1 Flasche (250 g)
  Tomaten-Ketchup
- 4–5 EL Tomatenmark

- 1 Dose (800 g)
  Ananasstücke
- 1 Glas (165 g)
  Tomatenpaprika
- 1 Glas (165 g)
  Silberzwiebeln
- Paprika edelsüß
- Currypulver, Tabasco
- ½ Bund Schnittlauch-
  röllchen

1 Zwiebeln abziehen und in Würfel schneiden. Öl in einem großen Topf erhitzen, die Zwiebelwürfel hinzufügen, anbräunen, mit Salz und Pfeffer kräftig würzen.

2 Gehacktes darin unter Rühren gut anbraten, dabei die Klümpchen mit einer Gabel zerdrücken. Kräftig mit Salz und Pfeffer würzen.

3 Ochsenschwanzsuppe, Wasser, Tomaten-Ketchup und -mark, Ananasstücke, Tomatenpaprika und Silberzwiebeln mit etwas Flüssigkeit hinzufügen und zum Kochen bringen.

4 Die Suppe mit Salz, Pfeffer, Paprika, Curry und Tabasco abschmecken. Mit Schnittlauchröllchen bestreuen.

Blitzgulasch

Zubereitungszeit: 30 Min.

Pro Portion:
E: 19 g, F: 17 g, Kh: 6 g,
kJ: 1203, kcal: 287

- 1 kg Rinderfilet
- 8 EL Speiseöl
- Salz, Pfeffer
- 300 g kleine
  Champignons
- 1 kleines Glas (180 g)
  Perlzwiebeln
- 80 g Butter
- 200 ml Rotwein
- 200 ml Fleischbrühe
- 2 TL Speisestärke

- 4 kleine Äpfel,
  z. B. Boskop
- 8 cl Calvados

1 Filet unter fließendem kaltem Wasser abspülen, trockentupfen, von Fett und Sehnen befreien, in Würfel schneiden, in sehr heißem Öl in einer Pfanne anbraten, herausnehmen, salzen, pfeffern und warm stellen.

2 Champignons putzen, evtl. abspülen, Perlzwiebeln gut abtropfen lassen. Butter in einer Pfanne erhit-zen, Champignons und Perlzwiebeln darin anbraten. Mit Rotwein und Brühe ablöschen und um die Hälfte einkochen lassen. Stärke mit etwas Rotwein anrühren, den Fond damit binden.

3 Äpfel schälen, das Kerngehäuse entfernen, Äpfel grob raspeln und die Apfelraspel in die Sauce geben. Mit Salz, Pfeffer und Calvados würzen.

4 Zum Schluss die Filetwürfel in der Sauce erhitzen.

Wirsing-Möhren-Gemüse mit Mettbällchen

Zubereitungszeit: 70 Min.

Pro Portion:
E: 31 g, F: 67 g, Kh: 16 g,
kJ: 3357, kcal: 803

- **700 g Möhren**
- **2 kg Wirsing**
- **Salz**
- **2 kleine Gemüsezwiebeln**
- **120 g geräucherter Bauchspeck**
- **3 EL Sonnenblumenöl**
- **250 ml (¼ l) Schlagsahne**
- **250 ml (¼ l) Gemüsebrühe**
- **frisch gemahlener Pfeffer**
- **geriebene Muskatnuss**
- **1 kg Thüringer Mett**
- **200 g Schmand**

1 Möhren putzen, schälen, waschen und in Scheiben schneiden.

2 Die groben äußeren Blätter des Wirsings entfernen. Wirsing vierteln, den Strunk herausschneiden, Kohl abspülen, abtropfen lassen und in Streifen schneiden.

3 Wirsing und Möhren in kochendem Salzwasser blanchieren, abgießen, kalt abschrecken und abtropfen lassen.

4 Zwiebeln abziehen und in Würfel schneiden. Speck ebenfalls in kleine Würfel schneiden. Speck und Zwiebeln in einem großen Topf in heißem Öl andünsten. Dann das Gemüse dazugeben und ebenfalls andünsten.

5 Sahne und Brühe hinzufügen, mit Salz, Pfeffer und Muskat würzen, aufkochen und 10–15 Minuten köcheln lassen.

6 Mett zu kleinen Klößchen formen und diese in kochendes Salzwasser geben und etwa 10 Minuten garen.

7 Klößchen herausnehmen und zu dem Wirsing-Möhren-Gemüse geben. Schmand unterrühren und abschmecken.

- **Beilage:**
Kartoffelpüree.

- **Tipp:**
Vormittags oder am Vortag das Gemüse blanchieren, im Sieb zugedeckt stehen lassen. Die Sauce mit Mettbällchen vorbereiten. Kurz vor dem Servieren die Sauce aufkochen, Gemüse hinzugeben und servieren.

Pizza-Suppe

Foto
Zubereitungszeit: 45 Min.

Pro Portion:
E: 5 g, F: 3 g, Kh: 8 g,
kJ: 326 , kcal: 77

- 3 Dosen (je 800 g) geschälte Tomaten
- 3 gelbe Paprikaschoten
- 2 Stangen Porree (Lauch)
- 750 ml (¾ l) Gemüsebrühe
- 1 Glas (540 g) Champignons in Scheiben
- Salz, Pfeffer
- gerebelter Oregano

- 250 g Kräuter-Schmelzkäse oder Kräuterfrischkäse
- ½ Bund frisches Basilikum

1 Tomaten mit der Flüssigkeit in einen großen Topf geben, pürieren und durch ein Sieb streichen.

2 Paprika halbieren, entstielen, entkernen, die weißen Scheidewände entfernen, Schoten waschen und in Streifen schneiden. Porree putzen, halbieren, waschen und in dünne Ringe schneiden.

3 Paprikastreifen und Porreeringe zu den Tomaten geben und 10–15 Minuten köcheln lassen.

4 Brühe und Champignons hinzufügen und aufkochen lassen.

5 Schmelzkäse mit etwas Suppe glattrühren, dann unter die restliche Suppe rühren, erwärmen und abschmecken. Die Suppe darf nicht mehr kochen.

6 Basilikumblättchen abspülen, trockentupfen und auf die Suppe streuen.

Kartoffel-Porree-Suppe

Zubereitungszeit: 60 Min.

Pro Portion:
E: 28 g, F: 40 g, Kh: 20 g,
kJ: 2364, kcal: 566

- 3 Gemüsezwiebeln
- 3 Knoblauchzehen
- 900 g Schweinemett
- 3 EL Speiseöl
- 2½ l Hühnerbrühe
- 800 g Kartoffeln
- 1 Bund Möhren
- 300 g Knollensellerie
- 2 Stangen Porree (Lauch)
- 250 g Crème fraîche
- 200 g geriebener Emmentaler

- 1 Zweig Liebstöckel
- Gyros-Gewürzsalz, Pfeffer

1 Zwiebeln und Knoblauch abziehen, in feine Würfel schneiden. Beide Zutaten und das Mett in dem erhitzten Öl in einem Topf anbraten. Das Mett mit Brühe ablöschen und aufkochen lassen.

2 Kartoffeln schälen, waschen und in 1 x 1 cm große Würfel schneiden. Sellerie und Möhren putzen, schälen, waschen, Sellerie ebenfalls in 1 x 1 cm große Würfel schneiden, Möhren in Scheiben schneiden.

3 Das Gemüse in die Brühe geben und etwa 12 Minuten köcheln lassen.

4 Porree putzen, halbieren, waschen und feine Ringe schneiden. Porree zusammen mit Crème fraîche und Käse in die Suppe geben.

5 Liebstöckel abspülen, trockentupfen, klein schneiden und in die Suppe geben. Mit Gyros-Gewürzsalz und Pfeffer abschmecken.

Ob Auflauf, Pizza oder Quiche – die Vielfalt aus dem Ofen ist riesig. Und das Schönste von allem: Ist das Essen erst einmal im Ofen, ist die Arbeit getan und die Party kann losgehen!

Aus dem Ofen, auf den Tisch

Kartoffelauflauf

Zubereitungszeit: 95 Min.

Pro Portion:
E: 34 g, F: 44 g, Kh: 37 g,
kJ: 2973, kcal: 710

- **2½ kg gekochte Kartoffeln**
- **je 3 rote und grüne Paprikaschoten**
- **600 g gekochter Schinken**
- **600 g geriebener Emmentaler**
- **2 Becher (je 150 g) Crème fraîche**
- **500 ml (½ l) Schlagsahne**
- **4 Eier**
- **Salz**
- **frisch gemahlener Pfeffer**
- **geriebene Muskatnuss**

1 Kartoffeln pellen und in dünne Scheiben schneiden. Paprikaschoten halbieren, entstielen, entkernen, die weißen Scheidewände entfernen, Schoten waschen und in feine Streifen schneiden. Schinken fein würfeln.

2 Die Zutaten mit zwei Drittel des Käses mischen und in einen Universalbräter oder eine große Auflaufform geben.

3 Crème fraîche mit der Sahne und den Eiern verquirlen, mit Salz, Pfeffer und Muskat würzen und über die Kartoffeln und das Gemüse gießen.

4 Restlichen Käse darauf verteilen und den Bräter oder die Form auf dem Rost in den Backofen schieben.

Ober-/Unterhitze:
180–200 °C (vorgeheizt)
Heißluft: 160–180 °C
(nicht vorgeheizt)
Gas: Stufe 3–4 (vorgeheizt)
Backzeit: 40–45 Min.

- **Tipp:**
Die Kartoffelpfanne zu kurzgebratenem Fleisch, z. B. Lammkoteletts, reichen.

Makkaroni-Brokkoli-Kuchen

10 Portionen
Zubereitungszeit: 80 Min.,
ohne Abkühlzeit

Pro Portion:
E: 13 g, F: 29 g, Kh: 22 g,
kJ: 1746, kcal: 417

Für den Makkaroni-
Brokkoli-Kuchen:
- **250 g Makkaroni**
- **Salz**
- **1 kg Brokkoli**
- **250 ml (¼ l)**
  Schlagsahne
- **3 Eier**
- **1 Bund Basilikum**
- **100 g geriebener Gouda**
- **Paprika edelsüß**
- **frisch gemahlener**
  Pfeffer

Für die Tomaten-
mayonnaise:
- **1 Ei**
- **Salz**
- **1 EL Zitronensaft**
- **100 ml Sonnen-**
  blumenöl
- **1 Becher (150 g)**
  Crème fraîche
- **2 EL Tomatenmark**
- **frisch gemahlener**
  Pfeffer
- **1 große Tomate**

1 Eine Kastenform
(30 x 11 cm) mit Backpa-
pier auslegen. Makkaroni
nach Packungsanleitung in
reichlich Salzwasser garen.
Dann abgießen, abschrecken
und abtropfen lassen.

2 Brokkoliröschen von den
Stielen schneiden, die
Röschen in kochendem Salzwasser etwa 2 Minuten blanchieren.

3 Ein Drittel des Brokkolis
mit der Sahne pürieren,
Eier hinzufügen und gut verrühren.

4 Basilikum abspülen,
trockentupfen, Blätter
von den Stengeln zupfen und
fein hacken. Basilikum mit
Käse unter die Brokkolisahne
mischen und mit Paprika,
Salz und Pfeffer würzen.

5 Makkaroni und Brokkoliröschen abwechselnd in
die Kastenform schichten.
Den Brokkoli jeweils mit einem Teil der Brokkolisahne
begießen. Als letzte Schicht
mit Makkaroni abschließen
und mit der restlichen Sahne
übergießen. Die Form auf
dem Rost in den Backofen
schieben.

Ober-/Unterhitze:
etwa 180 °C (vorgeheizt)
Heißluft: etwa 160 °C
(nicht vorgeheizt)
Gas: Stufe 3–4 (vorgeheizt)
Backzeit: etwa 40 Min.

6 Für die Tomatenmayonnaise das Ei trennen. Ei-
gelb mit Salz und Zitronensaft
cremig aufschlagen. Das Öl
zuerst tropfenweise, dann in
dünnem Strahl mit Hand-
rührgerät mit Rührbesen un-
terschlagen, bis eine cremige
Masse entsteht.

7 Crème fraîche und Tomatenmark unterrühren,
mit Salz und Pfeffer abschmecken.

8 Eiweiß mit einer Prise
Salz steif schlagen und
unter die Sauce heben.

9 Die Tomate waschen, halbieren, den Stengelansatz
herausschneiden, Tomate zuerst in Streifen, dann in Würfel schneiden und vorsichtig
unter die Sauce rühren.

10 Den Makkaroni-
Brokkoli-Kuchen aus
dem Backofen nehmen, die
Form mit Alufolie verschließen und abkühlen lassen.

11 Den abgekühlten Kuchen auf eine Platte
stürzen, Backpapier entfernen, Kuchen in Scheiben
schneiden. Nach Belieben mit
Kresse, Basilikum und Tomatenachteln garnieren und mit
der Tomatenmayonnaise servieren.

Gemüsepizza

Zubereitungszeit: 70 Min.

Pro Portion:
E: 10 g, F: 12 g, Kh: 22 g,
kJ: 1010, kcal: 241

Für den Hefeteig:
- **300 g Weizenmehl**
- **1 Pck. Trockenhefe**
- **1 gestr. TL Salz**
- **4 EL Speiseöl**
- **150 ml lauwarmes Wasser**

Für den Belag:
- **1 Dose (800 g) Tomaten**
- **1 abgezogene, zerdrückte Knoblauchzehe**
- **Salz**
- **frisch gemahlener Pfeffer**
- **gerebelter Oregano**
- **gerebeltes Basilikum**
- **getrockneter Rosmarin**
- **1 Staude Brokkoli**
- **2 Tomaten**
- **250 g Bel Paese (italienischer Weichkäse)**
- **70 g schwarze Oliven**

1 Für den Hefeteig Mehl in eine Rührschüssel sieben, mit der Hefe sorgfältig vermischen. Salz hinzufügen.

2 Öl und Wasser dazu geben. Die Zutaten zuerst kurz auf niedrigster, dann auf höchster Stufe in etwa 5 Minuten zu einem glatten Teig verarbeiten. Den Teig zugedeckt an einem warmen Ort gehen lassen, bis er sich sichtbar vergrößert hat.

3 Den Teig auf einer bemehlten Arbeitsfläche nochmals kurz durchkneten und entweder zu 2 runden Platten (Ø 30 cm) ausrollen und diese auf ein mit Backpapier belegtes Backblech legen oder den Teig auf einem gefetteten Backblech ausrollen.

4 Für den Belag Tomaten, Knoblauch, Salz, Pfeffer, Oregano, Basilikum und Rosmarin verrühren und zu einem dicken Brei einkochen lassen. Etwas abkühlen lassen und dann auf den Pizzateig streichen.

5 Brokkoli in Röschen teilen und etwa 5 Minuten in Salzwasser dünsten, dann gut abtropfen lassen.

6 Tomaten waschen, halbieren, die Stengelansätze herausschneiden, Tomaten in Scheiben schneiden. Käse in kleine Stücke teilen.

7 Brokkoliröschen, Tomaten und Oliven auf dem bestrichenen Teigboden verteilen, mit Käse bestreuen, Teig nochmals gehen lassen. Backblech in den Backofen schieben.

Ober-/Unterhitze:
200–220 °C (vorgeheizt)
Heißluft: 180–200 °C
(nicht vorgeheizt)
Gas: Stufe 3–4 (vorgeheizt)
Backzeit: 20–30 Min.

■ Tipp:
Nach Belieben kann der Belag auch mit grünem Spargel, Artischockenherzen, Champignonscheiben oder anderen Gemüsesorten belegt werden.

Party-Pizzen

Zubereitungszeit: 60 Min.

Pro Portion:
E: 15 g, F: 17 g, Kh: 41 g,
kJ: 1677, kcal: 401

Für den Hefeteig:
- 1 Würfel (42 g) Frischhefe
- 250 ml (¼ l) lauwarmes Wasser
- 1 Prise Zucker
- 600 g gesiebtes Weizenmehl
- 1 TL Salz
- 4 EL Olivenöl

Für den Belag:
- 800 g Tomaten
- 4 EL Speiseöl
- je 2 rote, gelbe und grüne Paprikaschoten
- 200 g Zucchiniwürfel
- 2 Pck. (je 250 g) Mozzarella
- Salz
- frisch gemahlener weißer Pfeffer
- 2 EL gemischte, gehackte Kräuter (z. B. Oregano, Basilikum, Rosmarin)

1 Für den Hefeteig die Hefe mit 5–6 Esslöffeln Wasser und Zucker so lange verrühren, bis sie sich vollkommen gelöst hat, und etwa 10 Minuten gehen lassen.

2 Das restliche Wasser und das Mehl in eine Rührschüssel geben. Die verrührte Hefe hinzufügen. Mit Handrührgerät mit Knethaken zunächst auf niedrigster, dann auf höchster Stufe so lange kneten, bis ein glatter Teig entstanden ist.

3 Den Teig zugedeckt an einem warmen Ort gehen lassen, bis er leichte Risse bekommt. Salz und Öl hinzugeben und verrühren. Teig gehen lassen, bis er sich sichtbar vergrößert hat.

4 Den Teig auf der bemehlten Arbeitsfläche kurz durchkneten und etwa ½ cm dick ausrollen. Den Teig einige Minuten ruhen lassen, dann 18 Taler von 8 cm Durchmesser ausstechen und diese auf ein mit Backpapier belegtes Backblech legen.

5 Für den Belag die Tomaten kurze Zeit in kochendes Wasser legen (nicht kochen lassen), mit kaltem Wasser abschrecken, enthäuten, Stengelansätze entfernen und die Tomaten in Würfel schneiden. Die Tomatenwürfel in dem erhitzten Öl kurz andünsten.

6 Die Paprikaschoten halbieren, entstielen, entkernen, die weißen Scheidewände entfernen, Schoten waschen und in kleine Würfel schneiden.

7 Die Tomatenwürfel auf die Teigstücke verteilen und mit den Paprika- und Zucchiniwürfeln bestreuen. Jede Pizza mit einer Scheibe Mozzarella belegen und mit Salz, Pfeffer und Kräutern bestreuen. Das Backblech in den Backofen schieben.

**Ober-/Unterhitze:
180–200 °C (vorgeheizt)
Heißluft: 160–180 °C
(nicht vorgeheizt)
Gas: Stufe 3–4 (vorgeheizt)
Backzeit: 10–12 Min.**

■ **Tipp:**
Die Gemüsesorten können je nach Geschmack variieren. Wenn nicht nur Vegetarier zu Gast sind, können einige Pizzen auch mit Thunfisch aus der Dose, Kochschinkenwürfeln oder dünnen Salamischeiben belegt werden.

Knochenschinkenschüssel mit Spätzle

Zubereitungszeit: 100 Min.

Pro Portion:
E: 30 g, F: 39 g, Kh: 23 g,
kJ: 2474, kcal: 591

- 800 g Spätzle
- 700 g Brokkoli
- Salz
- 1 Gemüsezwiebel
- 60 g Butter
- 2 Pck. (je 450 g) TK-Erbsen und Möhren
- 400 g Joghurt
- 300 g Crème fraîche
- 12 Eier
- 200 g geriebener Höhlenkäse
- frisch gemahlener Pfeffer
- geriebene Muskatnuss

- Butter zum Einfetten

- 500 g Knochenschinken, in Scheiben geschnitten

Für die Tomatensauce:
- 2 Pck. Tomatensauce (Fertigprodukt für ¼ l Sauce)
- 1 Dose (400 g) passierte Tomaten

1 Spätzle nach Packungsanleitung kochen, kalt abschrecken und abtropfen lassen.

2 Vom Brokkoli die Blätter entfernen, die Stengel am Strunk schälen, kreuzförmig einschneiden. Brokkoli waschen und in kochendem Salzwasser etwa 5 Minuten blanchieren, dann kalt abschrecken und abtropfen lassen.

3 Gemüsezwiebel abziehen und in feine Würfel schneiden. Butter erhitzen, die Zwiebelwürfel darin andünsten. Erbsen und Möhren hinzufügen und weitere 3 Minuten dünsten.

4 Joghurt, Crème fraîche und Eier gut verrühren, Käse unterrühren, mit Salz, Pfeffer und Muskat kräftig würzen.

5 Zwei Schüsseln aus Edelstahl oder Steingut (Ø etwa 30 cm) mit einer Höhe von mindestens 10 cm einfetten und sie anschließend mit Knochenschinken auslegen.

6 Abwechselnd eine Lage Spätzle, Brokkoli, Spätzle, Erbsen und Möhren und wieder Spätzle einfüllen. Das Ganze etwas festdrücken, mit der Joghurt-Ei-Masse übergießen und die Schüsseln auf dem Rost in den Backofen (2. Schiene von unten) schieben.

Ober-/Unterhitze:
etwa 180 °C (vorgeheizt)
Heißluft: etwa 160 °C
(nicht vorgeheizt)
Gas: Stufe 2–3 (vorgeheizt)
Backzeit: 60–70 Min.

7 Für die Sauce Tomatensauce nach Packungsanleitung zubereiten. Passierte Tomaten hinzufügen, mit Salz, Pfeffer abschmecken.

8 Die Knochenschinkenschüssel aus dem Backofen nehmen, 5 Minuten ruhen lassen, dann eine Servierplatte umgedreht auflegen und vorsichtig mit der Schüssel umdrehen. In Stücke schneiden und mit der Tomatensauce servieren.

■ **Tipp:**
Die Knochenschinkenschüssel schmeckt auch kalt sehr gut.

Auflauf Hawaii

Foto
Zubereitungszeit: 50 Min.

Pro Portion:
E: 22 g, F: 37 g, Kh: 25 g,
kJ: 2301, kcal: 549

- 3 kg Porree (Lauch)
- 4–5 EL Speiseöl
- Salz, Pfeffer
- geriebene Muskatnuss
- 600 ml Schlagsahne
- 6 Eier
- 12 Scheiben gekochter Schinken
- 12 Scheiben mittelalter Gouda

- 1½ Dosen (je 490 ml) Ananasscheiben
- 9 Scheiben Weißbrot

1 Den Porree putzen, waschen und in etwa 1 cm große Ringe schneiden. Im erhitztem Öl etwa 3 Minuten dünsten. Mit Salz, Pfeffer und Muskat würzen. Porree in der Fettfangschale verteilen.

2 Sahne mit den Eiern verquirlen und darüber gießen. Fettfangschale in den Backofen schieben.

Ober-/Unterhitze: etwa 200 °C (vorgeheizt)
Heißluft: etwa 180 °C (nicht vorgeheizt)
Gas: etwa Stufe 3 (vorgeheizt)
Backzeit: etwa 10 Min.

3 Schinken- und Käsescheiben vierteln. Die Ananasscheiben abtropfen lassen und halbieren. Die Brotscheiben toasten und würfeln.

4 Schinken, Ananas und Brotwürfel auf dem Porree verteilen, mit Käse belegen und bei gleicher Temperatur etwa 30 Minuten überbacken.

Glasierte Putenflügel

Zubereitungszeit: 90 Min.

Pro Portion:
E: 52 g, F: 9 g, Kh: 4 g,
kJ: 1437, kcal: 344

- 3 kg Putenflügel
- Salz, Pfeffer
- 1 Lorbeerblatt
- 3 Zwiebeln
- 2 Knoblauchzehen
- 8 EL Tomaten-Ketchup
- 2 EL Sojasauce
- 1 TL Sambal Oelek
- 1 gehäufter EL Speisestärke
- 3 EL Weinessig

1 Putenflügel abspülen, trockentupfen und enthäuten. Flügel in einen Topf geben, mit Wasser bedeckt aufkochen, abschäumen, mit Salz, Pfeffer und Lorbeerblatt würzen.

2 Zwiebeln und Knoblauch abziehen, in feine Würfel schneiden, zu dem Fleisch geben und etwa 30 Minuten köcheln lassen.

3 Putenflügel aus der Brühe nehmen und in die Fettfangschale legen, mit 2 Tassen der Brühe übergießen. Restliche Brühe um die Hälfte einkochen lassen. Ketchup, Soja-

sauce und Sambal Oelek hinzugeben und aufkochen lassen. Lorbeerblatt entfernen. Die Speisestärke mit Essig verrühren, die Sauce damit binden.

4 Die Putenflügel mit der Sauce bestreichen und die Fettfangschale in den Backofen schieben. Ab und zu mit der Sauce bestreichen.

Ober-/Unterhitze: etwa 220 °C (vorgeheizt)
Heißluft: etwa 200 °C (nicht vorgeheizt)
Gas: Stufe 4–5 (vorgeheizt)
Backzeit: etwa 30 Min.

EINFACH

Krabben-Mozzarella-Quiche

Zubereitungszeit: 2½ Std.

Pro Portion:
E: 27 g, F: 53 g, Kh: 50 g,
kJ: 3454, kcal: 825

Für den Teig:
- **750 g Weizenmehl**
- **375 g Butter**
- **3 Eier**
- **4–5 EL Wasser**
- **Salz**

Für den Belag:
- **9 EL Speiseöl**
- **1 abgezogene, fein gehackte Zwiebel**
- **1 abgezogene, fein gehackte Knoblauchzehe**
- **450 g Porreeringe (Lauchringe)**
- **450 g rote und gelbe Paprikastreifen**
- **120 g Zuchiniwürfel**
- **12 Shrimps oder Garnelen**
- **Salz**
- **frisch gemahlener weißer Pfeffer**
- **3 Pck. (je 250 g) Mozzarella**
- **375 ml (³/₈ l) Schlagsahne**
- **6 Eier**
- **3 EL gemischte, gehackte Kräuter, z. B. Majoran, Petersilie, Schnittlauch**

1 Für den Teig Mehl in eine Rührschüssel sieben. Butter, Eier, Wasser und Salz hinzufügen. Die Zutaten mit Handrührgerät mit Knethaken zu einem glatten Teig verarbeiten. Den Teig etwa 1 Stunde in Folie eingewickelt in den Kühlschrank legen.

2 Für den Belag das Öl erhitzen, Zwiebel und Knoblauch darin andünsten. Das klein geschnittene Gemüse dazugeben und bissfest garen.

3 Die Shrimps oder Garnelen hinzugeben und kurz mitdünsten, mit Salz und Pfeffer abschmecken. Belag abkühlen lassen.

4 Drei Springformen oder kleine Förmchen (Ø 12 cm, 12 kleine Förmchen entsprechen einer 26-er Springform) einfetten. Den Teig ausrollen und in die Formen legen. Teig mehrmals mit einer Gabel einstechen, erst mit Backpapier und dann mit getrockneten Hülsenfrüchten belegen. Die Formen auf dem Rost in den Backofen schieben und die Böden blind vorbacken.

Ober-/Unterhitze:
etwa 200 °C (vorgeheizt)
Heißluft: etwa 180 °C
(nicht vorgeheizt)
Gas: Stufe 3–4 (vorgeheizt)
Backzeit: etwa 10 Min.

5 Mozzarella in Scheiben schneiden. Die Shrimps-Gemüse-Masse in die Formen verteilen und die Mozzarellascheiben darauf legen.

6 Die Sahne mit den Eiern und den Kräutern verquirlen und über das Gemüse gießen. Die Formen wieder in den Backofen schieben.

Ober-/Unterhitze:
etwa 200 °C (vorgeheizt)
Heißluft: etwa 180 °C
(nicht vorgeheizt)
Gas: Stufe 3–4
(vorgeheizt)
Backzeit: 15–20 Min.

Mexikanische Schnitzelpfanne

**Zubereitungszeit: 2 Std.,
ohne Ruhezeit**

Pro Portion:
**E: 34 g, F: 22 g, Kh: 30 g,
kJ: 1990 , kcal: 475**

- **4 Knoblauchzehen**
- **5 Zwiebeln**
- **je 2 rote und gelbe
  Paprikaschoten**
- **2–3 rote Chilischoten**
- **5 Stangen Stauden-
  sellerie**
- **4 EL Olivenöl**
- **1 Dose (285 g)
  Gemüsemais**
- **1 Dose (250 g)
  Kidneybohnen**
- **250 ml (¼ l) Gemüse-
  brühe oder -fond**
- **750 g Tomaten-Ketchup**
- **Salz**
- **frisch gemahlener
  Pfeffer**
- **Chilipulver**
- **12 Schweineschnitzel
  (je 120 g)**
- **200 g geraspelter
  Edamer**
- **1 Bund glatte Petersilie**

1 Knoblauch und Zwiebeln abziehen, Zwiebeln in feine Scheiben schneiden und Knoblauch fein hacken.

2 Paprika halbieren, entstielen, entkernen, die weißen Scheidewände entfernen, Schoten waschen und in Streifen schneiden. Chili entstielen, halbieren, entkernen, waschen und in feine Würfel schneiden. Sellerie putzen, harte Außenfäden abziehen, Stangen waschen und in Scheiben schneiden.

3 Öl erhitzen, Knoblauch und Zwiebeln darin andünsten. Paprika, Chili, Sellerie, Mais, Bohnen, Brühe oder Fond und Ketchup zu den Zwiebeln geben. Mit Salz, Pfeffer und Chilipulver würzen und gut vermischen.

4 Schnitzel unter fließendem kaltem Wasser abspülen, trockentupfen, in die Fettpfanne oder einen großen Bräter schichten, das

Gemüse auf dem Fleisch verteilen und mit Käse überstreuen. Die Schnitzel mindestens 3 Stunden ruhen lassen.

5 Die Fettpfanne oder den Bräter mit Alufolie bedecken und in den Backofen (2. Schiene von unten) schieben.

**Ober-/Unterhitze:
etwa 180 °C (vorgeheizt)
Heißluft: etwa 160 °C
(nicht vorgeheizt)
Gas: Stufe 2–3
(vorgeheizt)
Backzeit: etwa 90 Min.**

6 Etwa 15 Minuten vor Ende der Backzeit die Alufolie entfernen.

7 Petersilie abspülen, trockentupfen, Blätter von den Stengeln zupfen und klein schneiden. Die Petersilie vor dem Servieren über die Schnitzelpfanne streuen.

■ Beilage:
Reis.

■ Tipp:
Statt Schweinefleisch kann auch Hähnchenbrustfilet oder Putenschnitzel verwendet werden, die Backzeit beträgt dann nur 60 Minuten.

Kartoffel-Matjes-Auflauf

Foto
Zubereitungszeit: 80 Min.

Pro Portion:
E: 11 g, F: 35 g, Kh: 32 g,
kJ: 2156, kcal: 515

- 2 kg Pellkartoffeln, am Vortag gekocht
- 6 Zwiebeln
- 200 g durchwachsener Speck
- 12 Matjesfilets
- 2 Bund Dill
- 4 EL Speiseöl
- Salz, Pfeffer
- 500 ml (½ l) Schlagsahne

1 Kartoffeln pellen, in Scheiben schneiden. Zwiebeln abziehen und fein würfeln. Den Speck würfeln. Matjesfilets evtl. entgräten, quer in Streifen schneiden. Den Dill abspülen, trockentupfen und fein hacken.

2 Öl in einer Pfanne erhitzen, den Speck und die Zwiebeln darin glasig dünsten.

3 Eine große, feuerfeste Form oder Fettfangschale einfetten. Die Hälfte der Kartoffeln und der Zwiebelmischung in die Form füllen, die Matjesstreifen darüber verteilen und mit dem Dill bestreuen.

4 Die restlichen Kartoffeln und den Rest der Zwiebelmischung darüber geben, leicht salzen und pfeffern. Den Auflauf mit der Sahne übergießen.

**Ober-/Unterhitze: etwa 200 °C (vorgeheizt)
Heißluft: etwa 180 °C (nicht vorgeheizt)
Gas: etwa Stufe 4 (vorgeheizt)
Backzeit: etwa 45 Min.**

Winzerroulade

Zubereitungszeit: 100 Min.

Pro Portion:
E: 19 g, F: 49 g, Kh: 32 g,
kJ: 2869, kcal: 685

- 3 Zwiebeln
- 150 g Frühstücksspeck
- 3 Äpfel, z. B. Boskop
- 30 g Butterschmalz
- 400 g Sauerkraut
- Salz, Pfeffer
- 6 Wacholderbeeren
- 1 Gewürznelke
- 2 Lorbeerblätter
- 400 ml trockener Weißwein
- 2 Pck. (je 450 g) Blätterteig

- 350 g gekochter Schinken
- 150 g gehackte Walnüsse
- 200 g geriebener Emmentaler
- 1 EL Schlagsahne

1 Zwiebeln abziehen und würfeln. Speck in feine Würfel schneiden. Äpfel schälen, das Kerngehäuse entfernen, Äpfel klein schneiden. Die 3 Zutaten in Butterschmalz kurz andünsten. Sauerkraut, Wacholderbeeren, Nelke, Lorbeerblätter und Wein hinzugeben und etwa 20 Minuten dünsten lassen.

2 Blätterteig auftauen lassen, ausrollen. Schinken in Würfel schneiden und auf dem Blätterteig verteilen. Sauerkraut darüber geben, mit Walnüsen und Käse bestreuen. Blätterteig an den Rändern mit Wasser anfeuchten, zusammenlegen und mit Sahne bestreichen. Blätterteigroulade auf ein mit kaltem Wasser abgespülten Backblech legen.

**Ober-/Unterhitze: etwa 200 °C (vorgeheizt)
Heißluft: etwa 180 °C (nicht vorgeheizt)
Gas: Stufe 3–4 (vorgeheizt)
Backzeit: 45–50 Min.**

Apfel-Kürbis-Tarte

Zubereitungszeit: 2½ Std.

Pro Portion:
E: 16 g, F: 43 g, Kh: 41 g,
kJ: 2724, kcal: 650

Für den Teig:
- **200 g Käse,**
  z. B. mittelalter Gouda
- **250 g Weizen-**
  vollkornmehl
- **200 g Weizenmehl**
- **2 TL Salz**
- **2 Eier**
- **4 EL Eiswasser**
- **250 g Butter oder**
  Margarine

Für die Füllung:
- **2 kg Kürbis**
- **4 Zwiebeln**
- **4 EL Speiseöl**
- **4 EL Aprikosen-**
  konfitüre
- **4 EL Weißweinessig**
- **Salz**
- **Cayennepfeffer**
- **gemahlener**
  Kreuzkümmel
- **4 Äpfel, z. B. Boskop**
- **4 Eier**
- **400 ml Schlagsahne**
- **frisch gemahlener**
  Pfeffer
- **150 g geriebener Käse,**
  z. B. Gouda
  oder Landana

1 Für den Teig den Käse reiben. Beide Mehlsorten mit Salz in eine Schüssel geben. Eier und Eiswasser hineingeben. Den Käse und das Fett hinzufügen.

2 Mit Handrührgerät mit Knethaken zu einem glatten Teig verarbeiten. Zugedeckt etwa 30 Minuten kalt stellen.

3 Für die Füllung Kürbis schälen, entkernen und grob raspeln. Zwiebeln abziehen, fein würfeln und in heißem Öl andünsten.

4 Konfitüre, Kürbis und Essig hinzufügen und kurz andünsten, mit Salz, Cayennepfeffer und Kreuzkümmel würzen.

5 Knapp ⅔ des Teiges zu zwei runden Platten (Ø 28 cm) ausrollen, jeweils auf den Boden zweier gefetteter Tarte-Formen legen. Teig mehrmals mit einer Gabel einstechen.

6 Die Formen auf dem Rost in den Backofen schieben.

Ober-/Unterhitze:
180–200 °C (vorgeheizt)
Heißluft: 160–180 °C
(nicht vorgeheizt)
Gas: Stufe 3–4 (vorgeheizt)
Backzeit: etwa 20 Min.

7 Die Böden in der Form auf einem Kuchenrost erkalten lassen. Aus dem restlichen Teig 2 Rollen formen, auf die Böden legen und am Rand der Form hochdrücken.

8 Äpfel schälen, vierteln, entkernen, in Spalten schneiden. Die Äpfel auf die Böden verteilen, darauf die Kürbismasse geben.

9 Eier mit Sahne verrühren, mit Salz und Pfeffer würzen und über die Füllung geben. Den Käse darüber streuen. Die Formen nacheinander auf dem Rost in den Backofen schieben.

Ober-/Unterhitze:
180–200 °C (vorgeheizt)
Heißluft: 160–180 °C
(nicht vorgeheizt)
Gas: Stufe 3–4
(vorgeheizt)
Backzeit: etwa 40 Min.

■ Tipp:
Einige Kürbiskerne auf der Tarte verstreuen. Äpfel nicht schälen und die Apfelspalten dekorativ in der Mitte verteilen.

Quiche Lorraine vom Blech

Zubereitungszeit: 70 Min.

Pro Portion:
E: 17 g, F: 55 g, Kh: 33 g,
kJ: 3037, kcal: 726

Für den Teig:
- **500 g Weizenmehl**
- **2 Eigelb**
- **1 Prise Salz**
- **8 EL Wasser**
- **250 g Butter**

Für den Belag:
- **200 g Gouda**
- **250 g durchwachsener Speck**
- **1 EL Butterschmalz**
- **8 Eier**
- **500 ml (½ l) Schlagsahne**
- **Salz**
- **frisch gemahlener Pfeffer**
- **geriebene Muskatnuss**

1 Für den Teig Mehl in eine Rührschüssel sieben. Eigelb, Salz, Wasser und Butter hinzufügen.

2 Die Zutaten mit Handrührgerät mit Knethaken zunächst kurz auf niedrigster, dann auf höchster Stufe gut durcharbeiten. Auf der Arbeitsfläche zu einem glatten Teig verkneten.

3 Den Teig auf einem gefetteten Backblech ausrollen, am Rand etwas hochdrücken, so dass ein etwa 2 cm hoher Rand entsteht. Den Teigboden mehrmals mit einer Gabel einstechen. Backblech in den Backofen schieben.

Ober-/Unterhitze:
200–220 °C (vorgeheizt)
Heißluft: 180–200 °C
(nicht vorgeheizt)
Gas: Stufe 4–5 (vorgeheizt)
Backzeit: etwa 15 Min.

4 Für den Belag Gouda in feine Streifen schneiden. Speck würfeln, in Butterschmalz andünsten und abkühlen lassen.

5 Käse, Eier und Sahne verrühren, mit Salz, Pfeffer und Muskat würzen.

6 Den Belag auf dem vorgebackenen Boden verteilen und fertig backen.

Ober-/Unterhitze:
200–220 °C (vorgeheizt)
Heißluft: 180–200 °C
(nicht vorgeheizt)
Gas: Stufe 4–5 (vorgeheizt)
Backzeit: etwa 25 Min.

Paella

Zubereitungszeit: 110 Min.

Pro Portion:
E: 37 g, F: 8 g, Kh: 28 g,
kJ: 1413, kcal: 337

- **4 EL Olivenöl**
- **800 g Hähnchen-brustfilet**
- **Salz**
- **frisch gemahlener Pfeffer**
- **4 Zwiebeln**
- **2 Knoblauchzehen**
- **4 rote Paprikaschoten**
- **300 g Langkornreis**
- **1½ l Gemüsebrühe**
- **3 Msp. gemahlener Safran**
- **2 EL Tomatenmark**
- **300 g TK-Erbsen**
- **400 g Tintenfischringe**
- **400 g Miesmuschel-fleisch (aus dem Glas)**
- **400 g Shrimps**
- **1 EL Paprika edelsüß**

1 Einen Universalbräter, mit Olivenöl eingefettet, auf dem Rost in den Backofen schieben.

Ober-/Unterhitze:
etwa 220 °C (vorgeheizt)
Heißluft: etwa 200 °C
(nicht vorgeheizt)
Gas: Stufe 3–4 (vorgeheizt)
Erhitzzeit: etwa 15 Min.

2 Die Hähnchenbrustfilets unter fließendem kaltem Wasser abspülen, trockentupfen, in Würfel schneiden und in den Universalbräter legen, diesen wieder in den Back-ofen schieben. Filets anbraten.

Ober-/Unterhitze:
etwa 200 °C (vorgeheizt)
Heißluft: etwa 180 °C
(nicht vorgeheizt)
Gas: Stufe 3–4 (vorgeheizt)
Bratzeit: etwa 5 Min.

3 Das Fleisch ab und zu wenden, herausnehmen und mit Salz und Pfeffer würzen.

4 Zwiebeln und Knoblauch abziehen und beides würfeln. Paprika halbieren, ent-stielen, entkernen, die weißen Scheidewände entfernen, Schoten waschen und in Streifen schneiden. Die 3 Zutaten in den Bräter geben.

5 Langkornreis, Brühe und Safran hinzufügen und den Bräter wieder für etwa 25 Minuten bei gleicher Temperatur in den Backofen schieben.

6 Tomatenmark und Erbsen unterrühren. Tinten-fischringe, Miesmuscheln und Shrimps unter fließendem kaltem Wasser abspülen, trockentupfen und mit den Hähnchenbrustfilets unter den Reis rühren.

7 Mit Salz, Pfeffer und Paprika abschmecken. Bräter für weitere 10–15 Mi-nuten bei gleicher Tempe-ratur in den Backofen schie-ben.

Bratwurst-Auflauf mit Porree

10–12 Portionen
Zubereitungszeit: 2 Std.

Pro Portion:
E: 58 g, F: 43 g, Kh: 15 g,
kJ: 3011, kcal: 719

- **3 kg Porree (Lauch)**
- **knapp 1 l Gemüsebrühe**
- **3 rote Paprikaschoten**
- **10 frische,**
  feine Bratwürste
- **120 g Butter**
- **100 g Weizenmehl**
- **400 g Pikantje**
  van Gouda
- **6 Eier**
- **Salz**
- **frisch gemahlener**
  Pfeffer

1 Porree putzen, waschen, in 2–3 cm lange, schräge Stücke schneiden. Porreestücke in der Brühe 3–5 Minuten garen, auf ein Sieb geben und abtropfen lassen. Die Flüssigkeit auffangen und abkühlen lassen.

2 Paprikaschoten halbieren, entstielen, entkernen, die weißen Scheidewände entfernen, Schoten waschen und würfeln. Bratwürste mit kochendem Wasser überbrühen, 5–8 Minuten ziehen lassen, herausnehmen, gut abtrocknen, in dicke, schräge Scheiben schneiden.

3 Butter in einem kleinen Topf schmelzen, Mehl darin unter Rühren so lange erhitzen, bis es hellgelb ist. Die Kochflüssigkeit hinzufügen, mit einem Schneebesen durchschlagen. Dabei darauf achten, dass sich keine Klümpchen bilden. Die Sauce zum Kochen bringen und 2–3 Minuten kochen lassen.

4 Käse reiben und zusammen mit den Eiern unterrühren (die Masse darf jetzt nicht mehr kochen, da die Eier sonst stocken) und mit Salz und Pfeffer würzen.

5 Eine gefettete Auflaufform mit einer Schicht Porree füllen. Die Hälfte der Paprikawürfel darüber streuen und mit der Hälfte der Sauce begießen.

6 Jetzt abwechselnd Wurst- und Porreestücke einfüllen, mit den restlichen Paprikawürfeln bestreuen. Die restliche Käsesauce darüber verteilen. Die Form auf dem Rost in den Backofen schieben.

Ober-/Unterhitze:
180–200 °C (vorgeheizt)
Heißluft: 160–180 °C
(nicht vorgeheizt)
Gas: Stufe 3–4
(vorgeheizt)
Backzeit: etwa 35 Min.

■ Beilage:
Dazu schmeckt knuspriges Brot oder warmes Kräuter- oder Knoblauchbaguette.

■ Abwandlung:
Die Hälfte der Bratwürste durch frische Kohlwurst austauschen.

■ Tipp:
In einer flachen Auflaufform oder in der Fettfangschale werden die Zutaten in Streifen angeordnet.

Pizzataschen

Zubereitungszeit: 60 Min.

Pro Portion:
E: 34 g, F: 41 g, Kh: 57 g,
kJ: 3256, kcal: 778

Für die Teigtaschen:
- **60 g Frischhefe**
- **375 ml (⅜ l) lauwarmes Wasser**
- **1 Prise Zucker**
- **900 g gesiebtes Weizenmehl**
- **1½ TL Salz**
- **6 EL Olivenöl**

Für die Füllung:
- **1,2 kg rohes Bratwurstbrät**
- **3 EL Speiseöl**
- **750 g Tomatenpüree**
- **3 TL gerebelter Oregano**

- **375 g Mozzarella**

Zum Bestreichen:
- **3 Eigelb**

1 Für die Teigtaschen die Hefe mit 5–6 Esslöffeln Wasser und Zucker so lange verrühren, bis sie sich vollkommen gelöst hat, und etwa 10 Minuten gehen lassen.

2 Alle übrigen Zutaten für den Teig in eine Rührschüssel geben. Die verrührte Hefe hinzufügen. Mit Handrührgerät mit Knethaken zunächst auf niedrigster, dann auf höchster Stufe so lange kneten, bis ein glatter Teig entstanden ist.

3 Den Teig zugedeckt an einem warmen Ort gehen lassen, bis er sich sichtbar vergrößert hat.

4 Für die Füllung das Bratwurstbrät in eine Pfanne mit heißem Öl geben. Mit einer Gabel das Brät lockern.

5 Tomatenpüree und Oregano hinzugeben und so lange kochen, bis die Masse dicklich eingekocht ist. Dann abkühlen lassen.

6 Den Teig auf der bemehlten Arbeitsfläche kurz durchkneten und dann ausrollen, mit einem scharfen Ausstecher 36 Kreise von 12 cm Durchmesser ausstechen.

7 Eigelb mit etwas Wasser verrühren und damit die Ränder der Kreise bestreichen. In die Mitte jeweils 1 Esslöffel der Füllung geben.

8 Mozzarella in 36 gleich dicke Scheiben schneiden, je eine Scheibe auf die Füllung legen, die Kreise zusammenklappen und die Ränder mit einer Gabel festdrücken.

9 Die Oberfläche ebenfalls mit Eigelb bestreichen. Die Taschen auf ein gefettetes Backblech setzen und in den Backofen schieben.

Ober-/Unterhitze:
etwa 220 °C (vorgeheizt)
Heißluft: etwa 200 °C
(nicht vorgeheizt)
Gas: Stufe 4–5 (vorgeheizt)
Backzeit: 15 Min.

Bauernbrot "Calzone"

2 Stück
Zubereitungszeit: 3 Std.

Pro Portion:
E: 22 g, F: 24 g, Kh: 26 g,
kJ: 1798, kcal: 429

Für den Teig:
- **425 g Weizen-vollkornmehl**
- **1 Pck. Trockenhefe**
- **1 TL Zucker**
- **2 gestr. TL Salz**
- **3 EL Speiseöl**
- **250 ml (¼ l) Wasser**

Für die Füllung:
- **8 Eier**
- **400 g alter Gouda**
- **12 Mini-Salamis (150 g)**
- **4 EL zerdrücktes Käsegebäck**

- **Weizenmehl**

1 Für den Teig Mehl in eine Rührschüssel geben, mit Hefe, Zucker und Salz gut vermischen. Öl und Wasser hinzufügen, mit Handrühr-gerät mit Knethaken zunächst auf niedrigster, dann auf höchster Stufe in etwa 5 Minuten zu einem glatten Teig verarbeiten.

2 Den Teig zugedeckt an einem warmen Ort so lange gehen lassen, bis er sich sichtbar vergrößert hat. Mit Mehl bestäuben, aus der Schüssel nehmen und auf der Arbeitsfläche kurz durch-kneten.

3 Den Teig vierteln, auf der bemehlten Arbeitsfläche zu vier runden Platten von etwa 22 cm Durchmesser aus-rollen. Jeweils 2 Platten auf ein mit Backpapier ausgeleg-tes Backblech legen.

4 Für die Füllung Eier 7 Mi-nuten kochen, abschre-cken und pellen. Gouda in dünne Scheiben hobeln. Sala-mis in 1 cm lange Stückchen schneiden.

5 Die Teigplatten mit der halben Käsemenge be-decken, einen Rand von etwa 3 cm frei lassen. Die Eier halbieren und in der Mitte sternförmig anordnen. Da-zwischen und rundherum die Salamistücke verteilen, mit Käse bedecken und mit Käsegebäck bestreuen.

6 Die zwei weiteren Teig-platten darauf legen, rund herum andrücken, den freien Rand der unteren Platte wie eine Krempe über die Naht-stellen ziehen, mit Wasser be-streichen.

7 Den Teig mit einem Tuch bedecken, nochmals 30 Minuten an einem war-men Ort gehen lassen, mit Wasser bestreichen und mit Mehl bestäuben. Das Back-blech in den Backofen schie-ben.

Ober-/Unterhitze:
etwa 200 °C (vorgeheizt)
Heißluft: etwa 180 °C
(nicht vorgeheizt)
Gas: Stufe 3–4 (vorgeheizt)
Backzeit: etwa 45 Min.

- **Tipp:**
Nach Belieben heiß oder kalt verzehren. »Calzone« mit einem elektrischen Messer in Stücke schneiden.

Wenn der Braten- oder Schnitzelduft in der Luft liegt, läuft Ihren Gästen das Wasser im Munde zusammen.

Fleisch-spezialitäten

Hawaii-Schnitzel

Zubereitungszeit: 90 Min.

Pro Portion:
E: 47 g, F: 73 g, Kh: 9 g,
kJ: 3883, kcal: 927

- 12 Schweine- oder Hähnchenschnitzel (je 125g)
- Salz
- frisch gemahlener Pfeffer
- 1,2 l Schlagsahne
- 3 Becher (je 150 g) Crème fraîche
- 6 TL helles Saucenpulver
- 3 Pck. Rahm-saucenpulver
- Sojasauce
- 600 g Schinkenwürfel
- 12 Scheiben Ananas
- 24 Scheibletten-Käse
- 12 Cocktailkirschen

1 Schnitzel unter fließendem kaltem Wasser abspülen, trockentupfen, halbieren und mit Salz und Pfeffer würzen. Die Schnitzel in eine gefettete Auflaufform legen.

2 Sahne, Crème fraîche, Saucenpulver, Rahmsauce, Pfeffer, Salz und Sojasauce verrühren und über die Schnitzel geben. Schinkenwürfel über die Schnitzel ver-

teilen. Die Auflaufform auf dem Rost in den Backofen schieben.

Ober-/Unterhitze:
etwa 200 °C (vorgeheizt)
Heißluft: etwa 180 °C
(nicht vorgeheizt)
Gas: Stufe 3–4 (vorgeheizt)
Garzeit: etwa 60 Min.

3 Etwa 10 Minuten vor Ende der Garzeit Ananas auf die Schnitzel legen, Käse darüber geben und mit Cocktailkirschen belegen oder erst mit Käse und dann mit Ananas und der Cocktailkirsche belegen.

Bayerischer Krautbraten

Foto
Zubereitungszeit: 2 Std.

Pro Portion:
E: 23 g, F: 33 g, Kh: 11 g,
kJ: 1814, kcal: 458

- 2 Köpfe Weißkohl
- Salz
- 3 abgezogene Zwiebeln
- 1 TL Kümmel
- 100 g Schweineschmalz
- frisch gemahlener Pfeffer
- 50 g Butter
- 1 kg Rinderhackfleisch
- 2 Eier
- 1 Brötchen (Semmel)
- 2 EL gehackte Petersilie
- 100 g magere, durchwachsene Speckscheiben
- evtl. 150 g saure Sahne

1 Die schlechten äußeren Blätter des Weißkohls entfernen, Strunk herausschneiden und die Kohlköpfe etwa 15 Minuten in kochendes Salzwasser legen. Äußere große Blätter vorsichtig lösen.

2 Den restlichen Kohl klein schneiden und mit den gewürfelten Zwiebeln und dem zerdrückten Kümmel in dem zerlassenen Schweineschmalz fast gar schmoren, mit Salz und Pfeffer würzen und etwas abkühlen lassen.

3 Mit den zurückgelassenen großen Blättern einen gefetteten Topf oder eine längliche, gefettete Auflaufform auslegen (einige Blätter übrig lassen).

4 Das Hackfleisch mit Eiern, eingeweichtem, gut ausgedrücktem Brötchen, Petersilie und dem Schmorkohl vermengen, mit Salz und Pfeffer würzen.

5 Den Fleischteig auf die Kohlblätter füllen, die übrigen Blätter darüber legen und mit den Speckscheiben belegen. Nach Belieben saure Sahne darüber geben. Topf oder Form auf dem Rost in den Backofen schieben.

Ober-/Unterhitze:
180–200 °C (vorgeheizt)
Heißluft: 160–180 °C
(nicht vorgeheizt)
Gas: Stufe 3–4
(vorgeheizt)
Garzeit: etwa 60 Min.

Hähnchenfilet Tomato al gusto

Zubereitungszeit: 80 Min.

Pro Portion:
E: 30 g, F: 7 g, Kh: 1 g,
kJ: 809, kcal: 193

- 12 Hähnchenschnitzel
- Paprika edelsüß
- 12 Scheiben Kochschinken
- 2 Pck. (je 400 g) Tomato al gusto
- 100 g geriebener Gouda

1 Hähnchenschnitzel unter fließendem kaltem Wasser abspülen, trockentupfen. Schnitzel mit Paprika würzen.

2 Die Hähnchenschnitzel in Kochschinken wickeln und in eine feuerfeste Form legen.

3 Tomato al gusto über das Fleisch gießen, mit Käse bestreuen und die Form auf dem Rost in den Backofen schieben.

Ober-/Unterhitze:
Etwa 200 °C (vorgeheizt)
Heißluft: etwa 180 °C
(nicht vorgeheizt)
Gas: Stufe 3–4 (vorgeheizt)
Backzeit: 45–60 Min.

Gyrospfanne mit Knoblauch-Dill-Quark

Zubereitungszeit: 60 Min.

Pro Portion:
E: 31 g, F: 29 g, Kh: 5 g,
kJ: 1830, kcal: 437

Für den Knoblauch-Dill-
Quark:
- 1 Gurke
- 4 Knoblauchzehen
- 500 g Magerquark
- 250 g Joghurt
- 250 g Schmand
- 1 Bund Dill
- Salz
- frisch gemahlener
  Pfeffer

Für die Gyrospfanne:
- 2 kleine Gemüse-
  zwiebeln
- Salz
- 1 EL Weißweinessig
- gerebelter Oregano
- 6 EL Olivenöl
- 1½ kg gewürztes Gyros
  (beim Metzger
  bestellen)

1 Für den Knoblauch-Dill-
Quark Gurke schälen, fein
raspeln, auf ein Sieb geben
und abtropfen lassen.

2 Knoblauch abziehen, fein
hacken, mit Quark, Jo-
ghurt und Schmand verrüh-
ren. Gurkenraspel gut ausdrücken und unter den Quark
heben.

3 Dill abspülen, trockentupfen, klein schneiden
und in den Quark geben.
Mit Salz und Pfeffer ab-
schmecken.

4 Für die Gyrospfanne
Zwiebeln abziehen, in
feine Scheiben schneiden oder
hobeln, mit Salz, Essig und
Oregano würzen und durch-
ziehen lassen.

5 Öl erhitzen. Gyros darin
portionsweise anbraten
und bei starker Hitze knusprig braun braten.

6 Gyros mit Zwiebeln und
Knoblauch-Dill-Quark
anrichten.

- **Tipp:**
Das Gyros kann auch mit
Schweineschulter, Hähnchen-
oder Putenfleisch selbst
zubereitet werden. Einfach
zum Würzen ist fertiges
Gyros-Salz.

- **Beilage:**
Fladenbrot oder Pommes
Frites.

Burgunderbraten

**Zubereitungszeit: 2½ Std.,
ohne Beizzeit**

**Pro Portion:
E: 37 g, F: 32 g, Kh: 4 g,
kJ: 2234, kcal: 533**

- **20 rohe Perlzwiebeln**
- **100 g Knollensellerie**
- **100 g Möhren**
- **100 g Porree (Lauch)**
- **1,8 kg Rinderbraten (aus der Hüfte)**
- **1 TL Pfefferkörner**
- **1 Lorbeerblatt**
- **1 TL Rosmarin**
- **Salz**
- **frisch gemahlener Pfeffer**
- **500 ml (½ l) Burgunderwein**
- **5 EL Speiseöl**
- **500 ml (½ l) Rinderfond oder -brühe**
- **1 EL Tomatenmark**
- **60 g kalte Butter**

1 Perlzwiebeln abziehen, Sellerie und Möhren putzen, schälen, waschen und in Würfel schneiden. Die Würfel sollten etwa die Größe der Perlzwiebeln haben, damit sie zur gleichen Zeit gar werden. Porree putzen, waschen und in etwa 3 cm lange Stücke schneiden.

2 Rinderbraten unter fließendem kaltem Wasser abspülen, trockentupfen, evtl. von Fett und Sehnen befreien, ihn in eine große Schüssel legen. Das Gemüse und die Gewürze darüber streuen und mit Burgunder übergießen. Mit Klarsichtfolie abdecken. Das Fleisch etwa 20 Stunden im Kühlschrank beizen lassen.

3 Am nächsten Tag das Fleisch aus der Rotweinbeize nehmen, abtropfen lassen, trockentupfen und in heißem Öl im Bräter von allen Seiten kräftig anbraten. ¼ Liter Rinderfond oder -brühe angießen. Bräter auf dem Rost in den Backofen schieben.

**Ober-/Unterhitze:
etwa 200 °C (vorgeheizt)
Heißluft: etwa 180 °C
(nicht vorgeheizt)
Gas: Stufe 3–4 (vorgeheizt)
Schmorzeit: 1½ Std.**

4 Das Gemüse auf ein Sieb geben, Rotweinbeize dabei in einer Schüssel auffangen. Nach und nach die verdampfte Flüssigkeit durch Rotweinbeize und restlichen Fond ergänzen, zum Fleisch gießen und weiter schmoren lassen.

5 30 Minuten vor Beendigung der Garzeit Gemüse und Tomatenmark zum Fleisch geben und den restlichen Fond und Rotweinbeize dazugießen.

6 Zur Garprobe eine Fleischgabel in den Braten stechen und etwas anheben. Rutscht das Fleisch langsam von der Gabel, so ist der Schmorprozess abgeschlossen. Fleisch dann herausnehmen, warm stellen.

7 Butter unterrühren und die Sauce nochmals abschmecken. Fleisch in Scheiben schneiden, mit der Sauce und dem Gemüse anrichten.

- **Beilage:**
  Kroketten.

Krustenschinkenbraten

Foto
12–16 Portionen

Zubereitungszeit: 4½ Std.

Pro Portion:
E: 42 g, F: 24 g, Kh: 0 g,
kJ: 1815, kcal: 432

- **3 kg Schweineschinken mit Schwarte**
- **Salz, Pfeffer**
- **1 TL gerebelter Majoran**
- **1 TL Kümmel**
- **40 g Butter**
- **250 ml (¼ l) Fleischbrühe**
- **250 ml (¼ l) Rotwein**

1 Fleisch kalt abspülen, trockentupfen. Schwarte des Fleischstückes karreeartig einschneiden.

2 Das Fleisch mit Salz und Pfeffer würzen, mit Majoran und Kümmel bestreuen, mit Butterflöckchen belegen, mit der Schwarte nach oben in einen Universalbräter legen und in den Backofen schieben.

Ober-/Unterhitze:
etwa 180 °C (vorgeheizt)
Heißluft: etwa 160 °C
(nicht vorgeheizt)

Gas: etwa Stufe 2
(vorgeheizt)
Bratzeit: 3½ Std.

3 Etwa 30 Minuten vor Beendigung der Bratzeit den Backofen auf 200 °C (Heißluft etwa 170 °C, Gas etwa Stufe 3) stellen und immer wieder die Kruste des Fleisches mit Salzwasser bestreichen, damit sie schön kross wird.

4 Den Krustenbraten aus dem Universalbräter nehmen. Den Bratenfond mit Brühe und Wein ablöschen und etwas einkochen lassen und abschmecken.

Schnitzeltopf, mit Käse

Zubereitungszeit: 100 Min., ohne Durchziehzeit

Pro Portion:
E: 43 g, F: 54 g, Kh: 4 g,
kJ: 2985, kcal: 712

- **2 kg Schnitzelfleisch**
- **8 EL Speiseöl**
- **Salz, Pfeffer**
- **400 ml Schlagsahne**
- **400 g Crème fraîche**
- **350 g Hartkäse**
- **2 große Zwiebeln**
- **2 Gläser Champignons**

1 Fleisch kalt abspülen, trockentupfen, in Streifen schneiden und in erhitztem Öl anbraten. Salzen, pfeffern, in einen Bräter geben.

2 Zwiebeln abziehen und in Ringe schneiden. Champignons auf einem Sieb abtropfen lassen, das Pilzwasser dabei auffangen. Champignons und Zwiebelringe in dem verbliebenen Fett anbraten, mit dem Pilzwasser ablöschen und dann auf das Fleisch geben.

3 Die Sahne mit Crème fraîche, Salz und Pfeffer mischen und darüber gießen.

4 Den Käse in dünne Scheiben schneiden und auf den Schnitzeltopf legen. Den Schnitzeltopf etwa 12 Stunden zugedeckt und kühl gestellt durchziehen lassen.

5 Den Schnitzeltopf offen auf dem Rost in den Backofen schieben.

Ober-/Unterhitze:
etwa 200 °C (vorgeheizt)
Heißluft: etwa 180 °C
(nicht vorgeheizt)
Gas: Stufe 3–4 (vorgeheizt)
Backzeit: 60–90 Min.

Trapper-Zwiebelsteakpfanne

Zubereitungszeit: 2 Std.,
ohne Ruhezeit

Pro Portion:
E: 56 g, F: 37 g, Kh: 68 g,
kJ: 3717, kcal: 888

- ■ **2 Pck. Zwiebelsauce**
  (ergibt 600 ml)
- ■ **4 Gemüsezwiebeln**
- ■ **4 Knoblauchzehen**
- ■ **1 Flasche (500 ml)**
  Texicana Salsa
- ■ **2 Dosen (je 420 g)**
  Baked beans
  (gebackene Bohnen in
  Tomatensauce)
- ■ **1 Dose (420 g)**
  Kidneybohnen
- ■ **1 EL Paprika edelsüß**
- ■ **1 EL grüne Pfeffer-**
  körner
- ■ **Chilipulver**
- ■ **Salz**
- ■ **12 Nackensteaks**
- ■ **12 mittelgroße**
  Kartoffeln

Für den Quark-Dip:
- ■ **500 g Magerquark**
- ■ **500 g Joghurt oder**
  Schmand
- ■ **2 Bund gemischte,**
  feingehackte Kräuter,
  z. B. Dill, Petersilie,
  Schnittlauch, Sauer-
  ampfer
- ■ **frisch gemahlener**
  Pfeffer
- ■ **2 Bund Petersilie**

1 Die Zwiebelsauce nach Packungsanleitung zubereiten, jedoch nur 3 Minuten kochen lassen.

2 Zwiebeln abziehen, in feine Scheiben schneiden oder hobeln. Knoblauch abziehen und fein hacken.

3 Zwiebelsauce mit Zwiebeln, Knoblauch, Salsa und Bohnen mischen. Mit Paprika, grünem Pfeffer, Chili und Salz würzen. Die Nackensteaks unter fließendem kaltem Wasser abspülen, trockentupfen. Steaks in einen großen Bräter oder eine Fettfangschale legen, mit der Sauce bedecken und über Nacht zugedeckt und kühl gestellt durchziehen lassen.

4 Bräter oder Fettfangschale auf dem Rost in den Backofen (2. Schiene von unten) schieben.

Ober-/Unterhitze:
etwa 180 °C (vorgeheizt)
Heißluft: etwa 160 °C
(nicht vorgeheizt)
Gas: Stufe 2–3 (vorgeheizt)
Backzeit: etwa 90 Min.

5 Kartoffeln gründlich waschen und abbürsten, in Alufolie wickeln. Nach 30 Minuten Garzeit der Steaks, die Kartoffeln auf einem zweiten Rost im oberen Drittel vom Backofen etwa 60 Minuten mitgaren.

6 Für den Dip Quark mit Joghurt oder Schmand und Kräutern mischen, mit Salz und Pfeffer würzen.

7 Die gegarten Kartoffeln der Länge nach aufschneiden, etwas auseinander drücken, mit Quark gefüllt zu den Steaks servieren.

8 Petersilie abspülen, trockentupfen. Die Steaks vor dem Servieren mit gehackter Petersilie bestreuen.

■ **Tipp:**
Statt Nackensteaks kann auch magerer Schweinebauch in Scheiben verwendet werden. Nach Belieben können statt der im Backofen gegarten Kartoffeln auch Pellkartoffeln gereicht werden.

Kasseler im Sauerkrautteig

Zubereitungszeit: 2,5 Std.,
ohne Quell- und Ruhezeit

Pro Portion:
E: 18 g, F: 3 g, Kh: 102 g,
kJ: 2252, kcal: 537

Für den Teig:
- **1 kg Sauerkraut**
- **600 g Roggenmehl**
- **1 EL Honig**
- **1 Würfel (42 g) Frischhefe**
- **500 ml (½ l) lauwarmes Wasser**
- **1100 g Weizenvollkornmehl (Type 1050)**
- **1 EL Salz**

Für die Füllung:
- **etwa 2½ kg Kasseler (ohne Knochen)**

1 Für den Teig Sauerkraut in ein Mulltuch geben, auspressen, den Saft dabei auffangen, wenn nötig mit warmem Wasser auf ½ l auffüllen, mit Roggenmehl verrühren, mit einem Küchentuch bedecken, über Nacht bei Zimmertemperatur quellen lassen.

2 Sauerkraut hacken, in einer Pfanne unter Rühren erhitzen, bis alle Flüssigkeit verdampft ist. Honig unterrühren, abkühlen lassen.

3 Hefe mit Wasser verrühren, mit dem Roggenmehlansatz, dem Sauerkraut, Weizenvollkornmehl und Salz zu einem festen Teig verkneten.

4 Eine Kugel formen, zugedeckt an einem warmen Ort gehen lassen, bis sie sich sichtbar vergrößert hat (etwa 3 Stunden). Den Teig auf bemehlter Arbeitsfläche zu einer Platte ausrollen, in die das Kasseler eingeschlagen werden kann.

5 Den Teig um das Fleisch wickeln, Nahtstellen fest zusammendrücken, den Braten auf ein mit Backpapier ausgelegtes Backblech legen und auf die mittlere Schiene des Backofens schieben.

Ober-/Unterhitze:
200–220 °C (vorgeheizt)
Heißluft: 180–200 °C
(nicht vorgeheizt)
Gas: etwa Stufe 4
(vorgeheizt)
Backzeit: etwa 100 Min.

■ **Tipp:**
Kasseler im Sauerkrautteig heiß oder kalt servieren, mit dem elektrischen Messer schneiden. Evtl. die Nahtstellen des Teiges mit Eiweiß bestreichen, damit sie besser zusammenhalten.

Lammrückenfilet im Wirsingkleid

Zubereitungszeit: 60 Min.

Pro Portion:
E: 33 g, F: 24 g, Kh: 4 g,
kJ: 1643, kcal: 392

- **1½ kg Lamm-rückenfilet**
- **50 g Pflanzenfett**
- **2 Köpfe Wirsing**
- **Salz**
- **Bratwurstbrät von 1 feinen Bratwurst**
- **25 g gehackte Erdnusskerne**
- **2 Schweinenetze**

Für die Sauce:
- **2 Becher (je 150 g) Crème fraîche**
- **Salz**
- **frisch gemahlener schwarzer Pfeffer**
- **1 Prise Zucker**

1 Lammrückenfilet unter fließendem kaltem Wasser abspülen, mit Küchenpapier trockentupfen. Das Pflanzenfett in einem Bräter sehr heiß werden lassen, Lammfilet darin scharf anbraten, dann kühl stellen.

2 Von den Wirsingköpfen die grünen Blätter in kochendem Salzwasser blanchieren, abtropfen lassen. Die Wirsingblätter in doppelter Lage ausbreiten.

3 Bratwurstbrät mit Erdnußkernen vermischen, das Lammrückenfilet gleichmäßig mit der Masse bestreichen, auf die Wirsingblätter legen und fest damit umwickeln.

4 Die Schweinenetze um die Wirsingblätter wickeln, mit Küchengarn wie einen Rollbraten umwickeln, nochmals von allen Seiten scharf anbraten. Den Bräter auf dem Rost in den Backofen schieben.

Ober-/Unterhitze:
etwa 180 °C (vorgeheizt)
Heißluft: etwa 160 °C
(nicht vorgeheizt)
Gas: etwa Stufe 2
(vorgeheizt)
Garzeit: etwa 35 Min.

5 Den Braten etwa 5 Minuten ruhen lassen, dann in Scheiben schneiden.

6 Für die Sauce Crème fraîche in den Bratenfond rühren, etwas einkochen lassen. Mit Salz, Pfeffer und Zucker abschmecken.

Fleischröllchen mit Schinken-Salbei-Füllung

Zubereitungszeit: 75 Min.

Pro Portion:
E: 51 g, F: 70 g, Kh: 7 g,
kJ: 3863, kcal: 922

- 3 EL Speiseöl
- 24 dünne Schweine-schnitzel (je 80 g) vom ausgelösten Kotelettstück
- 24 dünne Scheiben Schinkenspeck
- 24 Scheiben Gouda, etwa 2 mm dick
- 1 Bund Salbei
- 1 Bund Thymian

Für die Sauce:
- 2 Dosen (je 800 g) passierte Tomaten
- 2 Becher (je 150 g) Crème fraîche
- 250 ml (¼ l) Rotwein
- 3 EL Tomatenmark
- 2 EL Weizenmehl
- je 1 TL Salbei und Thymian
- Salz
- frisch gemahlener Pfeffer

1 Einen Universalbräter mit Öl ausstreichen und auf dem Rost in den Backofen schieben.

Ober-/Unterhitze:
etwa 220 °C (vorgeheizt)
Heißluft: etwa 200 °C
(nicht vorgeheizt)
Gas: Stufe 4–5 (vorgeheizt)
Erhitzzeit: etwa 15 Min.

2 Fleischscheiben unter fließendem kaltem Wasser abspülen, trockentupfen, flach drücken und mit je einer Scheibe Schinkenspeck und Käse belegen.

3 Salbei und Thymian abspülen, trockentupfen, die Blättchen von den Stengeln zupfen, beides mischen und auf den Käsescheiben verteilen. Das Fleisch zu Rouladen aufrollen, mit einem Holzspieß chen, Rouladennadeln oder Küchengarn feststecken oder -binden. Fleischröllchen in den Bräter legen, auf dem Rost in den Backofen schieben.

Ober-/Unterhitze:
etwa 220 °C (vorgeheizt)
Heißluft: etwa 200 °C
(nicht vorgeheizt)
Gas: Stufe 4–5 (vorgeheizt)
Garzeit: etwa 25 Min.

Die Fleischröllchen zwischendurch wenden.

4 Für die Sauce passierte Tomaten, Crème fraîche, Rotwein, Tomatenmark, Mehl und Gewürze verrühren, über die Fleischröllchen geben und den Bräter wieder in den Backofen schieben.

Ober-/Unterhitze:
etwa 220 °C (vorgeheizt)
Heißluft: etwa 200 °C
(nicht vorgeheizt)
Gas: Stufe 4–5 (vorgeheizt)
Garzeit: etwa 20 Min.

5 Die Sauce vor dem Servieren nochmals abschmecken.

- **Beilage:**
Grüne oder weiße Bandnudeln, Brokkoli, Blumenkohl, Zucchini oder ein frischer grüner Blattsalat.

- **Tipp:**
Anstelle der Schweineschnitzel können auch Kalbs- oder Hähnchenschnitzel verwendet werden.

Diese Salate sind der beste Beweis, dass Vitamine auch schmecken können. Sie sind richtige Sattmacher, die mehr als nur eine Beilage sind.

Aus der Salatschüssel

Caprisalat

Zubereitungszeit: 20 Min., ohne Durchziehzeit

Pro Portion:
E: 13 g, F: 25 g, Kh: 5 g, kJ: 1295, kcal: 310

- **1,2 kg Tomaten**
- **500 g Mozzarella**
- **Basilikum (möglichst frisch)**
- **Oregano (möglichst frisch)**
- **Salz**
- **8 EL Olivenöl**

1 Tomaten waschen, abtrocknen, halbieren und die Stengelansätze herausschneiden. Tomaten und Mozzarella in Würfel oder Scheiben schneiden. Beides in eine Schüssel geben.

2 Basilikum und Oregano abspülen, trockentupfen, Blätter von den Stengeln zupfen, dazugeben.

3 Die Zutaten vorsichtig mischen und salzen. Olivenöl darüber träufeln.

4 Den Salat etwa 1 Stunde im Kühlschrank durchziehen lassen.

- **Beilage:**
Frisches Weißbrot.

Bohnensalat, bunt

Foto
Zubereitungszeit: 30 Min.

Pro Portion:
E: 51 g, F: 20 g, Kh: 115 g,
kJ: 3523, kcal: 837

- 2 Dosen (je 400 g)
  Kidneybohnen
- 2 Dosen (je 400 g)
  schwarze Bohnen
- 2 Dosen (je 400 g)
  weiße Bohnen
- 2 Dosen (je 400 g)
  grüne Bohnen
- **200 g Cocktailtomaten**
- **4 Frühlingszwiebeln**
- **2 Knoblauchzehen**

Für die Sauce:
- **200 ml Olivenöl**
- **2 EL Weinessig**
- **Salz**
- **frisch gemahlener Pfeffer**

1 Alle Bohnen auf ein Sieb geben, kalt abspülen, gut abtropfen lassen.

2 Cocktailtomaten waschen, trockentupfen und halbieren.

3 Frühlingszwiebeln putzen, waschen und in feine Streifen schneiden.

4 Knoblauchzehen abziehen, durch die Knoblauchpresse drücken, mit Bohnen, Cocktailtomaten und Frühlingszwiebeln vermischen.

5 Für die Sauce Olivenöl mit Weinessig, Salz und Pfeffer verrühren und über den Salat geben.

■ **Tipp:**
Als Vorspeise oder Beilage zu Fleischgerichten gut geeignet.

Teufelssalat

Zubereitungszeit: 20 Min.,
ohne Durchziehzeit

Pro Portion:
E: 15 g, F: 8 g, Kh: 21 g,
kJ: 958, kcal: 229

- **750 g gekochtes, mageres Rindfleisch**
- **1 Glas (320 g) Tomatenpaprika**
- **1 Glas (290 g) süß-saure Gurken**
- **2 Gläser (je 170 g) Champignons**
- **2 Gläser (je 190 g) Perlzwiebeln**

Für die Marinade:
- **1 Flasche (800 ml) Tomaten-Ketchup**
- **frisch gemahlener Pfeffer**
- **Tabasco**
- **einige Sträußchen Petersilie**

1 Rindfleisch in kleine Stücke schneiden. Das Gemüse abtropfen lassen und Gurken in Stücke schneiden, Champignons vierteln.

2 Die Zutaten für die Marinade verrühren, mit den Salatzutaten vermischen und abschmecken.

3 Den Salat gut gekühlt durchziehen lassen, evtl. vor dem Servieren nochmals abschmecken und mit Petersilie garnieren.

■ **Tipp:**
Nach Belieben etwas Öl in die Marinade geben.

Scharfer Nudelsalat

Foto
Zubereitungszeit: 30 Min.,
ohne Durchziehzeit

Pro Portion:
E: 7 g, F: 10 g, Kh: 31 g,
kJ: 1058, kcal: 253

- **500 g Nudeln,**
  z. B. Penne
- **Salz**
- **1 Bund Frühlings-**
  zwiebeln
- **1 Gemüsezwiebel**
- **400 g Tomaten**
- **3 Knoblauchzehen**
- **100 ml Balsamico-**
  Essig
- **1–2 EL Sambal Oelek**
- **100 ml Olivenöl**

1 Nudeln in kochendem Salzwasser etwa 8 Minuten garen. Anschließend auf einem Sieb abtropfen lassen.

2 Die Frühlingszwiebeln putzen, waschen und in feine Ringe schneiden. Die Gemüsezwiebel abziehen und fein hacken.

3 Tomaten waschen, abtrocknen, halbieren und die Stengelansätze herausschneiden, Tomaten entkernen und in kleine Würfel schneiden. Knoblauch abziehen und zerdrücken.

4 Die Nudeln mit dem Gemüse mischen. Essig, Salz und Sambal Oelek verrühren, Öl darunter schlagen und unter den Nudelsalat heben. Zugedeckt mindestens 1 Stunde durchziehen lassen.

5 Vor dem Servieren den Salat nochmals abschmecken und nach Belieben mit Petersilie garnieren.

Hähnchensalat

Zubereitungszeit: 30 Min.

Pro Portion:
E: 27 g, F: 8 g, Kh: 4 g,
kJ: 837, kcal: 200

- **1,2 kg Hähnchen-**
  brustaufschnitt in
  Aspik, in Scheiben
- **4 Zwiebeln**
- **3 Äpfel**
- **3 rote**
  Paprikaschoten
- **10 EL Weißweinessig**
- **6 EL Distelöl**
- **Salz**
- **frisch gemahlener**
  Pfeffer
- **1 Bund glatte**
  Petersilie

1 Hähnchenbrustscheiben in 2 x 2 cm große Stücke schneiden. Zwiebeln abziehen, in hauchdünne Scheiben hobeln. Äpfel schälen, vierteln, entkernen und in Würfel schneiden.

2 Paprika halbieren, entstielen, entkernen, die weißen Scheidewände entfernen, Schoten waschen und in feine Würfel schneiden.

3 Essig, Öl, Salz und Pfeffer verrühren und über die Zutaten gießen. Petersilie abspülen, trockentupfen, grob hacken und unter den Salat heben.

- **Beilage:**
Roggenbrot oder Baguette.

- **Tipp:**
Der Salat schmeckt noch besser, wenn er einige Stunden vor dem Verzehr zubereitet wird.

Waldorfsalat

Foto, hinten

*Zubereitungszeit: 40 Min.,
ohne Durchziehzeit*

*Pro Portion:
E: 5 g, F: 16 g, Kh: 23 g,
kJ: 1129, kcal: 269*

- 1 kg Äpfel,
  z. B. Boskop
- 1 kg Knollensellerie
- 10 Scheiben
  Ananas
- 250 g Walnusskerne
- Saft von 2 Zitronen

- 1 Prise Salz
- 2 EL Zucker
- frisch gemahlener
  Pfeffer
- 4 EL Mayonnaise
- 150 g saure Sahne

1 Äpfel schälen, vierteln, entkernen und in Scheiben oder Stifte schneiden.

2 Sellerie putzen, schälen, waschen und fein hobeln. Ananas würfeln, Walnüsse grob hacken. Einige zum Garnieren zurücklassen.

3 Zitronensaft, Salz, Zucker und Pfeffer verrühren. Mayonnaise und saure Sahne unterziehen und mit den Zutaten vermengen.

4 Den Salat mindestens 4 Stunden durchziehen lassen. Mit den restlichen Walnüssen bestreuen.

Porreesalat

Foto, vorn

*Zubereitungszeit: 30 Min.,
ohne Durchziehzeit*

*Pro Portion:
E: 3 g, F: 13 g, Kh: 19 g,
kJ: 910, kcal: 217*

- 4 Stangen Porree
  (Lauch)
- 2 Gläser (je 260 g
  Abtropfgewicht)
  geraspelter Sellerie
- 2 Dosen (je 260 g
  Abtropfgewicht)
  Ananasstücke

- 2 Dosen (je 175 g
  Abtropfgewicht)
  Mandarinen
- 4 säuerliche Äpfel,
  z. B. Boskop
- 250 g Miracle Wip
- 200 ml Schlagsahne

1 Porree putzen, waschen und in feine Ringe schneiden.

2 Sellerie, Ananas und Mandarinen abtropfen lassen.

3 Äpfel schälen, das Kerngehäuse entfernen, Äpfel klein schneiden.

4 Miracle Wip mit Sahne verrühren, mit den übrigen Zutaten vorsichtig vermischen und gut durchziehen lassen.

Carmensalat

Foto
Zubereitungszeit: 50 Min.

Pro Portion:
E: 16 g, F: 38 g, Kh: 11 g,
kJ: 1984, kcal: 474

- 1 kg Hähnchen-
  fleischwürfel
- 400 g rote Paprika-
  würfel
- 8 EL Speiseöl zum
  Braten
- 250 g gekochter Reis
- 250 g gekochte
  Erbsen

Für die Marinade:
- 8 cl Estragonessig
- 100 ml Walnussöl
- 2 EL Senf
- 1 TL gehackter
  Estragon
- Salz
- frisch gemahlener
  Pfeffer

1 Hähnchen- und Paprikawürfel in erhitztem Öl andünsten, 8–10 Minuten garen,
abkühlen lassen.

2 Reis und Erbsen unter-
mischen.

3 Die Zutaten für die Marinade miteinander ver-
rühren, über den Salat geben
und mindestens 15 Minuten
durchziehen lassen.

■ Tipp:
Dazu Toast oder Baguette
und Butter reichen.

Sauerkraut–Salat

Zubereitungszeit: 40 Min.

Pro Portion:
E: 4 g, F: 8 g, Kh: 10 g,
kJ: 595, kcal: 142

- 3 Äpfel,
  z. B. Boskop
- 3 Zwiebeln
- 8 Scheiben Ananas
  (aus der Dose)
- 1½ kg Sauerkraut
- 4 EL Mayonnaise
- 125 ml (⅛ l) Schlag-
  sahne
- 3 EL geriebener
  Meerrettich
- 1 TL Zucker
- 3 EL Zitronensaft
- Salz

- frisch gemahlener
  Pfeffer
- 80 g Sonnenblumen-
  kerne

1 Äpfel waschen, vierteln,
das Kerngehäuse entfer-
nen, die Äpfel in feine Würfel
schneiden. Zwiebeln abziehen
und würfeln.

2 Ananas abtropfen lassen
und in kleine Stücke
schneiden. Sauerkraut locker-
zupfen und etwas zerkleinern.

3 Mayonnaise, Sahne,
Meerrettich, Zucker, Zi-
tronensaft, Salz und Pfeffer
verrühren und mit den Zutaten vermengen, etwas durchziehen lassen.

4 Sonnenblumenkerne
ohne Fett in einer Pfanne
anrösten und über den Salat
streuen.

■ Tipp:
Verwenden Sie rotschalige
Äpfel, das sieht schöner aus.

Bunter Salat mit Schafskäse-Dip

Foto
Zubereitungszeit: 30 Min.

Pro Portion:
E: 6 g, F: 14 g, Kh: 20 g,
kJ: 988, kcal: 236

- 2 Gläser (je 156 ml)
  schwarze Oliven
- 2 Dosen (je 425 ml)
  Gemüsemais
- 8 Tomaten
- ½ Kästchen Kresse
- 1 Kopf Eisbergsalat
- 300 g Champignons

Für den Schafskäse-Dip:
- 4 Knoblauchzehen
- 200 g Schafskäse
- 300 g saure Sahne
- 150 g Mayonnaise
- Salz
- frisch gemahlener
  Pfeffer
- Zitronenpfeffer

1 Oliven und Mais auf einem Sieb abtropfen lassen. Tomaten waschen, abtrocknen, halbieren, die Stengelansätze herausschneiden, Tomaten in Scheiben schneiden.

2 Die Kresse vom Beet schneiden, abspülen und trockentupfen. Den Salat putzen, waschen, abtropfen lassen und in mundgerechte Stücke zupfen. Champignons putzen, mit Küchenpapier abreiben, evtl. abspülen, in Scheiben schneiden.

3 Für den Schafskäse-Dip Knoblauch abziehen und hacken. Käse, saure Sahne und den Knoblauch mit einem Pürierstab pürieren und die Mayonnaise unterrühren. Mit Salz und Pfeffer abschmecken.

4 Oliven, Mais, Tomaten, Champignons, Kresse und Salat vermischen und auf einer Platte anrichten. Den Schafskäse-Dip darüber geben und mit Zitronenpfeffer bestreut servieren.

Thunfischsalat

Zubereitungszeit: 20 Min.

Pro Portion:
E: 11 g, F: 19 g, Kh: 16 g,
kJ: 1228, kcal: 293

- 3 Dosen (je 160 g)
  Thunfisch
- 3 kleine Dosen
  (je 140 g) Gemüsemais
- je 2 rote, grüne
  und gelbe
  Paprikaschoten

Für die Salatsauce:
- 150 g Mayonnaise
- 50 g Joghurt
- 2–3 EL Milch
- 1 EL Weißweinessig
- Salz
- frisch gemahlener
  Pfeffer
- 1 Prise Zucker

1 Thunfisch abtropfen lassen und etwas auseinander zupfen.

2 Mais abtropfen lassen. Paprika halbieren, entstielen, entkernen, die weißen Scheidewände entfernen, Schoten waschen und in kleine Würfel schneiden.

3 Für die Salatsauce alle Zutaten vermischen und mit den übrigen Zutaten vermengen. Den Salat gut durchziehen lassen.

Heringssalat

Foto

Zubereitungszeit: 40 Min.,
ohne Durchziehzeit

Pro Portion:
E: 9 g, F: 19 g, Kh: 8 g,
kJ: 1084, kcal: 259

- ■ **3 Gläser (je 250 g)**
  Bismarckheringe
- ■ **10 Gewürzgurken**
- ■ **2 mittelgroße Zwiebeln**
- ■ **6 große Äpfel**
- ■ **500 g Schmand**

1 Die Fischfilets auseinander rollen und in etwa 3 cm große Stücke schneiden.

2 Gewürzgurken in dünne Scheiben schneiden. Zwiebeln abziehen und ebenfalls in dünne Ringe schneiden.

3 Äpfel schälen, vierteln, entkernen und in dünne Scheiben schneiden.

4 Die vorbereiteten Zutaten in eine Schüssel geben und vermischen, mit Schmand verrühren und zugedeckt einige Stunden (mindestens 3) in den Kühlschrank stellen.

5 Nach Belieben den Salat mit Dill garnieren.

■ Tipp:
Nach Belieben kann der Heringssalat noch mit je 1 Esslöffel Meerrettich, Senf, Weinessig und 1 Prise Zucker abgeschmeckt werden. Interessant schmeckt auch die Variante mit 6 Esslöffeln Preiselbeeren. Mit Pellkartoffeln servieren.

Warmer Auberginensalat

Zubereitungszeit: 45 Min.

Pro Portion:
E: 6 g, F: 14 g, Kh: 18 g,
kJ: 979, kcal: 234

- ■ **250 g Parboiled Reis**
- ■ **500 ml (½ l)**
  Salzwasser
- ■ **2 mittelgroße**
  Auberginen
- ■ **Salz**
- ■ **125 ml (⅛ l) Speiseöl**
- ■ **250 g Rinder-**
  hackfleisch
- ■ **15 schwarze Oliven**
- ■ **2 EL Zitronensaft**
- ■ **schwarzer Pfeffer**

1 Reis in Salzwasser zum Kochen bringen, in 15–20 Minuten ausquellen lassen.

2 Auberginen putzen, waschen, in je 4 Längsscheiben schneiden, diese mit Salz bestreuen und etwa 15 Minuten ziehen lassen. Die Auberginenscheiben mit Küchenpapier sorgfältig trockentupfen und in Würfel schneiden.

3 Öl erhitzen, die Auberginenwürfel unter ständigem Rühren kräftig braun braten lassen, bis die Auberginen gar sind, herausnehmen. Das restliche Fett wieder erhitzen, das Rinderhackfleisch darin gar schmoren, mit Auberginenwürfeln, Reis und Oliven vermischen.

4 Den Salat mit Zitronensaft und Pfeffer würzen und lauwarm servieren, nach Belieben mit Petersilie bestreuen.

Bunter Kartoffelsalat

Foto, rechts

Zubereitungszeit: 60 Min.

Pro Portion:
E: 5 g, F: 19 g, Kh: 29 g,
kJ: 1311, kcal: 313

- **2 kg kleine, runde Kartoffeln**
- **Salz**
- **2 Bund Frühlingszwiebeln**
- **2 Bund Radieschen**
- **150 g geräucherter, durchwachsener Speck**
- **125 ml (⅛ l) Speiseöl**
- **125 ml (⅛ l) Kräuteressig**
- **frisch gemahlener weißer Pfeffer**
- **2 EL Zucker**

1 Kartoffeln gründlich waschen und in Salzwasser etwa 20 Minuten kochen. Die Kartoffeln etwas abkühlen lassen und dann pellen.

2 Frühlingszwiebeln und Radieschen putzen und waschen. Frühlingszwiebeln in feine Ringe, Radieschen in Scheiben schneiden.

3 Den Speck fein würfeln und in einer Pfanne knusprig ausbraten. Mit Öl und Essig ablöschen, kurz erwärmen und mit Salz, Pfeffer und Zucker würzen.

4 Die Kartoffeln, Frühlingszwiebeln und Radieschen mit der Marinade vermischen und etwas durchziehen lassen. Den Salat in einer Schüssel anrichten.

- **Tipp:**
Frische Kräuter unter den Salat geben.

Weisskohl-Möhren-Salat

Foto, links

Zubereitungszeit: 40 Min.

Pro Portion:
E: 4 g, F: 8 g, Kh: 23 g,
kJ: 795, kcal: 190

- **1,2 kg Weißkohl**
- **Salz**
- **1,2 kg Möhren**
- **200 g Rosinen**
- **300 g Salat-Mayonnaise**
- **300 g Magermilch-Joghurt**
- **8 EL Weißweinessig**
- **frisch gemahlener Pfeffer**
- **2 Prisen Zucker**
- **1 Bund Petersilie**

1 Den Kohl putzen, vierteln, Strunk herausschneiden, Kohl waschen und in schmale Streifen schneiden oder raspeln. Kohlstreifen in kochendes Salzwasser geben, kurz blanchieren und abtropfen lassen.

2 Die Möhren putzen, schälen, waschen und grob raspeln. Rosinen waschen und trockentupfen.

3 Die Mayonnaise mit Joghurt und Essig glatt rühren. Mit Salz, Pfeffer und Zucker abschmecken.

4 Kohl, Möhren, Rosinen und die Salatsauce vermischen. Petersilie abspülen, trockentupfen, fein hacken und über den Salat streuen.

Feldsalat mit Käse und Speck

Zubereitungszeit: 45 Min.

Pro Portion:
E: 7 g, F: 30 g, Kh: 5 g,
kJ: 1421, kcal: 340

- 600 g Feldsalat
- 300 g eingelegte Perlzwiebeln
- 300 g Cocktailtomaten
- 500 g Holland-Doppelrahmkäse (60 % F.i.Tr.)
- 200 g Frühstücksspeck, in Scheiben

Für die Marinade:
- 4 TL Essig-Essenz (25 %)
- 8 EL Weißwein
- Salz
- frisch gemahlener Pfeffer
- 1 TL Zucker
- 1 TL süßer Senf
- 3 kleine Zwiebeln
- 6 EL Sonnenblumenöl

1 Feldsalat putzen, waschen und gut abtropfen lassen.

2 Perlzwiebeln auf einem Sieb abtropfen lassen. Tomaten waschen, trockentupfen, je nach Größe unzerteilt lassen, halbieren oder vierteln.

3 Käse in dünne Scheiben, dann in kleine Quadrate schneiden.

4 Frühstücksspeckscheiben in einer beschichteten Pfanne ohne Fettzugabe kross ausbraten, dann aufrollen und evtl. halbieren.

5 Alle Zutaten locker auf 12 Portionsteller verteilen.

6 Für die Marinade Essig-Essenz, Weißwein, Salz, Pfeffer, Zucker und Senf verrühren. Zwiebeln abziehen und fein würfeln, zusammen mit Öl in die Marinade rühren und diese dann auf dem Salat verteilen.

- **Beilage:**
Schwarzbrot mit Butter.

Nudel-Geflügel-Salat

8 Portionen

Zubereitungszeit: 100 Min., ohne Marinierzeit

Pro Portion:
E: 25 g, F: 17 g, Kh: 27 g,
kJ: 1542, kcal: 368

- ■ **4 Geflügelbrustfilets (je 200 g)**
- ■ **Saft von 1 Zitrone**
- ■ **1 Stück Zitronengras**
- ■ **1 TL Chilipfeffer**

Für das Dressing:
- ■ **2 EL fein gehackter, frischer Ingwer**
- ■ **2 EL Rotweinessig**
- ■ **1 EL Reisessig (ersatzweise Weißweinessig)**
- ■ **1 EL Honig**
- ■ **1 EL Sojasauce**
- ■ **1 EL fein gehackter Koriander**
- ■ **½ TL Chilipfeffer**
- ■ **1 TL Wasser**
- ■ **8 EL Erdnussöl**

- ■ **250 g Hörnchennudeln**
- ■ **1 Orange**
- ■ **1 rote Paprikaschote**
- ■ **½ Kopf Eisbergsalat**
- ■ **1 kleiner Radicchio**
- ■ **1 EL Erdnussöl**
- ■ **2 EL fein gehackter Koriander**

1 Die Geflügelbrustfilets unter fließendem kaltem Wasser abspülen, trockentupfen, halbieren, evtl. vorhandenes Fett abschneiden.

2 Das Fleisch in eine flache Form legen und mit Zitronensaft beträufeln. Einige Zitronengrasscheiben darüber streuen, mit Chilipfeffer würzen. Filets mit Frischhaltefolie zudecken und einige Stunden im Kühlschrank marinieren.

3 Für das Dressing alle Zutaten bis auf das Öl im Mixer vermischen. Öl zuletzt in einem dünnen Strahl langsam hinzugießen, dabei weiter mixen, bis das Dressing eine cremige Konsistenz hat.

4 Nudeln nach Packungsanleitung bissfest garen und abgießen. Noch warm mit der Hälfte des Dressings vermischen.

5 Orange schälen und filetieren. Paprika halbieren, entstielen, entkernen, die weißen Scheidewände entfernen, Schote waschen und in feine Streifen schneiden.

6 Eisbergsalat und Radicchio putzen, waschen, trockentupfen und in mundgerechte Stücke zupfen.

7 Die Geflügelbrusthälften in erhitztem Erdnussöl pro Seite 5–6 Minuten goldbraun braten. Anschließend in ½ cm dicke Streifen schneiden.

8 Die Nudeln auf den Salaten anrichten. Geflügelbruststreifen, Orangenfilets, Paprikastreifen und Koriander darauf verteilen.

9 Den Salat gleichmäßig mit dem restlichen Dressing beträufeln und sofort servieren.

Couscoussalat

Zubereitungszeit: 3 Std.

Pro Portion:
E: 11 g, F: 14 g, Kh: 19 g,
kJ: 1101, kcal: 263

- **600 g Lammfleisch**
- **4 EL Olivenöl**
- **Salz**
- **frisch gemahlener Pfeffer**
- **2 Knoblauchzehen**
- **je 2 grüne und gelbe Paprikaschoten**
- **1 kleine Salatgurke**
- **2 kleine Zwiebeln**
- **5 Fleischtomaten**
- **2 Bund Petersilie**
- **150 g Couscousgrieß**

Für die Salatsauce:
- **Saft von 2 Zitronen**
- **6 EL Olivenöl**

1 Lammfleisch unter fließendem kaltem Wasser abspülen, trockentupfen, evtl. von Fett und Sehnen befreien und durch die feine Scheibe des Fleischwolfes drehen.

2 Olivenöl erhitzen, das Lammhack darin kräftig braun braten, dabei die Fleischklümpchen mit einer Gabel zerdrücken und mit Salz und Pfeffer würzen.

3 Knoblauchzehe abziehen, fein hacken und hinzufügen.

4 Paprikaschoten halbieren, entstielen, entkernen, die weißen Scheidewände entfernen, Schoten waschen und in feine Würfel schneiden. Salatgurke waschen, in Streifen schneiden. Zwiebeln abziehen und sehr fein würfeln.

5 Fleischtomaten kurze Zeit in kochendes Wasser legen (nicht kochen lassen), in kaltem Wasser abschrecken,

enthäuten, halbieren, die Stengelansätze herausschneiden, Tomaten entkernen und in kleine Stücke schneiden.

6 Petersilie abspülen, trockentupfen, die Stengel entfernen, die Blättchen fein hacken.

7 Die Zutaten mit dem Couscousgrieß vermengen.

8 Für die Salatsauce den Zitronensaft mit Olivenöl verrühren, mit Salz und Pfeffer würzen und mit den Salatzutaten vermengen.

9 Den Salat im Kühlschrank mindestens 2 Stunden durchziehen lassen, damit der Grieß quellen kann. Evtl. nochmals würzen.

10 Wenn nötig, vor dem Servieren noch etwas Salatsauce anrühren und hinzugeben.

Beigaben, die auch im Mittelpunkt stehen können. Sie sind das Tüpfelchen auf dem »i« und machen aus jedem Essen eine runde Sache.

Emmentaler Käsekartoffeln

Zubereitungszeit: 80 Min.

Pro Portion:
E: 14 g, F: 19 g, Kh: 40 g,
kJ: 1702, kcal: 406

- **2½ kg Kartoffeln**
- **100 g fetter Speck**
- **4 Zwiebeln**
- **200 g geriebener Emmentaler Käse**
- **Salz**
- **frisch gemahlener Pfeffer**
- **gerebelter Majoran**
- **500 ml (½ l) Fleischbrühe**
- **4 EL Schnittlauchröllchen**

1 Kartoffeln schälen, waschen und in dünne Scheiben schneiden. Speck in Würfel schneiden. Zwiebeln abziehen, in Scheiben schneiden, in dem Speck hellgelb dünsten lassen. Die Kartoffelscheiben portionsweise hinzufügen und anbraten.

2 Alles in eine flache, gefettete Auflaufform geben.

3 Käse darüber streuen, mit Salz, Pfeffer und Majoran würzen. Fleischbrühe hinzugießen. Die Form auf dem Rost in den Backofen schieben.

Ober-/Unterhitze:
180–200 °C (vorgeheizt)
Heißluft: 160–180 °C
(nicht vorgeheizt)
Gas: Stufe 3–4 (vorgeheizt)
Backzeit: etwa 50 Min.

4 Mit Schnittlauchröllchen bestreut servieren.

Obatzter

Foto

Zubereitungszeit: 30 Min.

Pro Portion:
E: 9 g, F: 13 g, Kh: 1 g,
kJ: 687, kcal: 164

- **4 Camemberts (je 125 g)**
- **50 g weiche Butter**
- **2 Zwiebeln**
- **1 EL ganzer Kümmel**
- **Salz**
- **frisch gemahlener Pfeffer**
- **Paprika edelsüß**
- **glatte Petersilie**

1 Camemberts und Butter mit einer Gabel verkneten.

2 Zwiebeln abziehen, eine Zwiebel fein würfeln, die andere in dünne Ringe schneiden.

3 Zwiebelwürfel und Kümmel unter die Käsemasse kneten. Mit Salz, Pfeffer und Paprika abschmecken.

4 Die Zwiebelringe in Paprikapulver wenden. Obatzter mit Zwiebelringen und Petersilie garnieren.

- **Tipp:**
Dazu passen Laugenbrezeln sehr gut. Größere Mengen sollten beim Bäcker vorbestellt werden. Für den Notfall kann auch noch ein Vorrat an tiefgekühlten Brezeln da sein, die schnell zubereitet sind.

Chimmi-Churi

Zubereitungszeit: 20 Min.,
ohne Durchziehzeit

Pro Portion:
E: 1 g, F: 42 g, Kh: 2 g,
kJ: 1680, kcal: 401

- **3 mittelgroße, rote Zwiebeln**
- **6–7 Knoblauchzehen**
- **je 1 rote und grüne Paprikaschote**
- **1 Bund Petersilie**
- **2 TL Paprika rosenscharf**
- **1 EL gerebelter Thymian**
- **1 TL Zucker**
- **2 TL Salz**
- **1–2 TL Cayennepfeffer**
- **1–2 TL frisch gemahlener weißer Pfeffer**
- **500 ml (½ l) Sonnenblumenöl**

1 Zwiebeln und Knoblauch abziehen und in feine Würfel schneiden. Paprika halbieren, entstielen, entkernen, die weißen Scheidewände entfernen, Schoten waschen und ebenfalls in feine Würfel schneiden.

2 Petersilie abspülen, trockentupfen und fein hacken.

3 Zwiebeln, Knoblauch und Petersilie mit Paprika, Thymian, Zucker, Salz, Cayennepfeffer und Pfeffer mischen und mit Öl übergießen, bis die Masse vollständig mit Öl bedeckt ist. Das Chimmi-Churi etwa 24 Stunden durchziehen lassen.

- **Tipp:**
Chimmi-Churi mit geröstetem Baguette servieren oder als Beilage zu gegrilltem Fleisch. Es ist 3–4 Wochen haltbar.

Ratatouille-Gemüse, eingelegt

Zubereitungszeit: 65 Min.

Insgesamt:
E: 2 g, F: 27 g, Kh: 5 g,
kJ: 1238, kcal: 296

- **1 Aubergine (250 g)**
- **2 Zucchini (500 g)**
- **je 2 rote, grüne und gelbe Paprikaschoten**
- **6 EL Olivenöl**
- **6 Knoblauchzehen**
- **½ Bund Thymian**
- **1 EL Rosmarinnadeln**
- **Salz**
- **frisch gemahlener Pfeffer**

Für den Sud:
- **250 ml (¼ l) Weißwein**
- **125 ml (⅛ l) Weißweinessig**
- **250 ml (¼ l) Olivenöl**

- **250 g Cocktailtomaten**
- **2 Msp. Einmach-Hilfe**

1 Aubergine waschen, Stengelansatz herausschneiden, Aubergine in Stücke schneiden. Zucchini waschen, die Enden abschneiden, Zucchini in ½ cm dicke Scheiben schneiden.

2 Paprikaschoten halbieren, entstielen, entkernen, die weißen Scheidewände entfernen, Schoten waschen und in Streifen schneiden.

3 Das Gemüse in erhitztem Öl andünsten.

4 Knoblauch abziehen und halbieren. Kräuter abspülen und trocken-

tupfen. Knoblauch und Kräuter zu dem Gemüse geben. Mit Salz und Pfeffer würzen.

5 Für den Sud Weißwein und Essig zum Kochen bringen, Olivenöl unterrühren.

6 Tomaten waschen, zusammen mit dem gedünsteten Gemüse in den Sud geben, einmal aufkochen. Den Topf von der Kochstelle nehmen, Einmach-Hilfe unterrühren und sofort mit dem Sud in gründlich gereinigte und gespülte Gläser schichten und verschließen.

- **Tipp:**
Das Gemüse ist mehrere Wochen haltbar. Zu Lammkoteletts und Stangenweißbrot servieren. Es kann auch als Vorspeise gereicht werden oder eignet sich gut für ein kaltes Buffet.

Bratkartoffeln auf dem Blech

Foto

Zubereitungszeit: 70 Min.

Pro Portion:
E: 10 g, F: 33 g, Kh: 39 g,
kJ: 2115, kcal: 504

- **3 kg Kartoffeln**
- **2 EL Butterschmalz**
- **Salz**
- **frisch gemahlener Pfeffer**
- **5 Zwiebeln**
- **250 g durchwachsener Speck**

1 Kartoffeln schälen, waschen, in Scheiben schneiden, auf ein mit Butterschmalz eingefettetes Backblech schichten und mit Salz und Pfeffer würzen.

2 Die Zwiebeln abziehen, würfeln. Den Speck in Würfel schneiden und zusammen mit den Zwiebeln über die Kartoffelscheiben geben.

3 Das Backblech in den Backofen schieben, die Kartoffeln braun braten lassen, zwischendurch wenden.

Ober-/Unterhitze:
etwa 220 °C (vorgeheizt)
Heißluft: etwa 200 °C
(nicht vorgeheizt)
Gas: etwa Stufe 4
(vorgeheizt)
Backzeit: etwa 45 Min.

Pommes frites

Zubereitungszeit: 90 Min.

Pro Portion:
E: 4 g, F: 25 g, Kh: 31 g,
kJ: 1577, kcal: 376

- **2½ kg Kartoffeln**
- **1½ kg Fritierfett**
- **feines Salz**

1 Kartoffeln schälen, waschen, in gleich lange, bleistiftdicke Streifen schneiden und mit einem Küchentuch gut abtrocknen.

2 Fritierfett in einer Friteuse auf 180 °C erhitzen, Kartoffelstreifen darin halbgar backen. Nicht zu viel Kartoffeln auf einmal in das Fett geben, da sie sich in dem Fettbad nicht berühren dürfen, außerdem kühlt das Fett zu stark ab.

3 Sobald sich die Spitzen der Kartoffelstreifen gelb färben, die Pommes frites mit einem Schaumlöffel herausnehmen und auf einem Durchschlag abtropfen lassen.

4 Wenn die Streifen abgekühlt sind, sie noch einmal in das heiße Fett geben, braun und knusprig fritieren, mit feinem Salz bestreuen und sofort servieren.

- **Tipp:**
Pommes frites eignen sich als Beilage zu verschiedenen Fleischgerichten oder als kleiner Snack zwischendurch. Mayonnaise und Ketchup nicht vergessen. Werden die Kartoffeln in hauchdünne Scheiben geschnitten oder gehobelt und fritiert, erhält man Kartoffelchips. Durch Zusatz einer dünnen, unbehandelten Orangenschale in das Fritierfett bekommen die Pommes frites einen sehr delikaten Geschmack.

Endiviensalat

Foto

Zubereitungszeit: 25 Min.

Pro Portion:
E: 1 g, F: 9 g, Kh: 2 g,
kJ: 411, kcal: 98

- 2 mittelgroße Köpfe
  Endiviensalat

Für die Salatsauce:
- 6 EL Speiseöl
- 4 EL Essig
- Salz
- frisch gemahlener
  Pfeffer

- 1 Prise Zucker
- 2 EL gehackte Kräuter,
  z. B. Basilikum,
  Petersilie, Schnittlauch
- 3 EL gehackte
  oder halbierte
  Walnusskerne

1 Von dem Endiviensalat Wurzel und äußere Blätter abschneiden, die übrigen Blätter übereinander legen, in schmale Streifen schneiden, sorgfältig waschen und gut abtropfen lassen.

2 Für die Salatsauce Öl mit Essig verrühren, mit Salz, Pfeffer, Zucker abschmecken und die Kräuter unterrühren.

3 Den Salat mit der Sauce vermengen. Mit Walnusskernen bestreuen.

Risi Bisi

Zubereitungszeit: 40 Min.

Pro Portion:
E: 15 g, F: 19 g, Kh: 63 g,
kJ: 2019, kcal: 482

- 6 Schalotten
- 100 g Butter
- 750 g Reis
- 1½ l Hühnerbrühe
- 3 TL Salz
- frisch gemahlener
  Pfeffer
- 3 Pck. (je 300 g)
  TK-Erbsen und Möhren
- 100 g geriebener
  Parmesan
- 1 Bund Petersilie

1 Schalotten abziehen und fein würfeln. Butter zerlassen, Zwiebeln darin hellgelb dünsten.

2 Den Reis zugeben und unter Rühren etwa 3 Minuten glasig dünsten.

3 Die Brühe hinzugießen, salzen und pfeffern. Zugedeckt bei schwacher Hitze etwa 10 Minuten garen, das Gemüse unterrühren und weitere 10 Minuten garen lassen.

4 Petersilie abspülen, trockentupfen und fein hacken, mit dem Käse unterziehen.

Partybrot mit 4-Käse-Füllung

Zubereitungszeit: 2 Std.

Pro Portion:
E: 16 g, F: 18 g, Kh: 33 g,
kJ: 1572, kcal: 376

Für den Teig:
- **250 ml (¼ l) Milch**
- **60 g Butter**
- **500 g Weizenmehl**
- **1 Würfel (42 g) Frischhefe**
- **1 EL Zucker**
- **1 TL Salz**

Für die Füllung:
- **150 g Allgäuer Emmentaler**
- **200 g Feta-Käse**
- **125 g Brie**
- **150 g Schichtkäse oder Magerquark**
- **1 Ei**

- **2 EL Sonnenblumen-kerne**

1 Für den Teig die Milch erwärmen und die Butter darin schmelzen lassen. Das Mehl in eine Rührschüssel sieben und in die Mitte eine Vertiefung eindrücken. Die lauwarme Milch-Butter-Mischung hineingießen und die Hefe darin auflösen.

2 Zucker und Salz hinzugeben. Die Zutaten mit Handrührgerät mit Knethaken in etwa 5 Minuten zu einem glatten Teig verkneten. Den Teig zugedeckt an einem warmen Ort so lange gehen lassen, bis er sich sichtbar vergrößert hat.

3 Für die Füllung Emmentaler reiben. Feta-Käse, Brie und Schichtkäse im Mixer zerkleinern, Emmentaler und das Ei hinzugeben. Alles zu einer cremigen Masse verarbeiten und diese kalt stellen.

4 Den Hefeteig nochmals kurz kneten und zu einem Quadrat von 40 cm Kantenlänge ausrollen. Die Käsemasse darauf verteilen.

5 Die Ecken des Quadrates zur Mitte hin übereinander andrücken. Die Oberfläche mit Wasser bestreichen und mit den Sonnenblumenkernen bestreuen. Die Kerne etwas andrücken.

6 Das Teigquadrat auf ein mit Backpapier belegtes Backblech legen und in den Backofen schieben.

Ober-/Unterhitze:
etwa 180 °C (vorgeheizt)
Heißluft: etwa 160 °C
(nicht vorgeheizt)
Gas: Stufe 3–4
(vorgeheizt)
Backzeit: 60 Min.

- **Beilage:**
Gemischter Salat.

Teufelssauce

Foto

Zubereitungszeit: 10 Min.

Pro Portion:
E: 2 g, F: 19 g, Kh: 3 g,
kJ: 850, kcal: 203

- 6 hart gekochte Eier
- Salz
- frisch gemahlener Pfeffer
- 1 Prise Zucker
- 1 gestr. EL Paprikapulver edelsüß
- 1 TL Senf

- 1 abgezogene, in Würfel geschnittene Zwiebel
- 200 ml Speiseöl
- 6–8 EL Rotwein
- 6–8 EL Chilisauce
- 2 EL Schnittlauchröllchen

1 Die hart gekochten Eier pellen, das Eigelb herauslösen und durch ein Sieb streichen. Mit Salz, Pfeffer, Zucker, Paprika und Senf verrühren. Die Zwiebelwürfel unterrühren.

2 Öl nach und nach unterrühren, bis die Masse etwas dicklich ist.

3 Rotwein und Chilisauce unterrühren. Zuletzt die Schnittlauchröllchen darüber streuen.

■ **Tipp:**
Nach Belieben das Eiweiß in kleine Würfel hacken und auf der Sauce verteilen. Die Sauce schmeckt sehr gut zu gegrilltem Fleisch, z. B. Hackbällchen.

Casanovasauce

Zubereitungszeit: 20 Min.

Pro Portion:
E: 2 g, F: 9 g, Kh: 4 g,

kJ: 445, kcal: 106

- 4 hart gekochte Eigelb
- 8 EL Mayonnaise
- 8 EL Schlagsahne
- Salz
- frisch gemahlener weißer Pfeffer
- Zucker
- 1 TL gehackte Estragonblättchen
- 8 EL klein geschnittene Trüffel (aus der Dose)

1 Eigelb mit einer Gabel fein zerdrücken, mit Mayonnaise und Sahne glatt rühren, mit Salz, Pfeffer und Zucker würzen.

2 Estragonblättchen und Trüffelwürfel vorsichtig unterheben.

■ **Tipp:**
Casanovasauce eignet sich für Fisch- und Fleischsalate. Statt der Trüffel können eingeweichte und kleingeschnittene Mu-err-Pilze verwendet werden.

Fächerkartoffeln

Foto
Zubereitungszeit: 75 Min.

Pro Portion:
E: 8 g, F: 17 g, Kh: 38 g,
kJ: 1472, kcal: 351

- ■ 24 mittelgroße, mehlig kochende Kartoffeln
- ■ 2 TL Majoran oder Kümmel
- ■ frisch gemahlener Pfeffer
- ■ Salz
- ■ 100 g Butter
- ■ 50 g geriebener Parmesan

1 Kartoffeln schälen, waschen, in dichten Abständen so tief einschneiden, dass die Unterseiten noch zusammenhalten (dazu legt man die Kartoffel auf einen großen Löffel).

2 Eine große feuerfeste, flache Form (oder zwei kleinere Formen) ausfetten.

3 Kartoffeln mit der geschlossenen Seite nebeneinander hineinsetzen, Schnittflächen etwas auseinander drücken. Mit Majoran oder Kümmel, Pfeffer und Salz würzen.

4 Die zerlassene Butter darauf verteilen. Die Form auf dem Rost in den Backofen schieben.

Ober-/Unterhitze:
etwa 200 °C (vorgeheizt)
Heißluft: etwa 180 °C
(nicht vorgeheizt)
Gas: etwa Stufe 3
(vorgeheizt)
Backzeit: etwa 45 Min.

5 Den Parmesan 15 Minuten vor Beendigung der Garzeit darüber streuen.

■ Tipp:
Zu gebratenem Fleisch und frischem Salat servieren.

Käsekartoffeln, überbacken

Zubereitungszeit: 40 Min.

Pro Portion:
E: 19 g, F: 20 g, Kh: 27 g,
kJ: 1586, kcal: 378

- ■ 24 mittelgroße Kartoffeln
- ■ Salz
- ■ 30 g Butter
- ■ frisch gemahlener Pfeffer
- ■ 12 Scheiben Butterkäse (je 70 g)
- ■ 2 Bund Schnittlauch

1 Die Kartoffeln gründlich abwaschen und 15–20 Minuten lang in Salzwasser kochen.

2 Kartoffeln längs halbieren und mit der Schnittfläche nach oben in eine gefettete Auflaufform legen.

3 Die Schnittfläche der Kartoffeln mit Butter bestreichen, mit Salz und Pfeffer bestreuen. Käsescheiben darüber legen.

4 Die Kartoffeln unter dem vorgeheizten Grill 4–7 Minuten grillen.

5 Schnittlauch abspülen, trockentupfen und in feine Röllchen schneiden. Die Kartoffeln vor dem Servieren damit bestreuen.

Dreierlei Nudelsaucen

Insgesamt für
12 Portionen

SAUCE NAPOLI

Foto
Zubereitungszeit: 20 Min.

Pro Portion:
E: 13 g, F: 49 g, Kh: 7 g,
kJ: 2265, kcal: 540

- 3 Knoblauchzehen
- 200 g Butter
- 1 kg Tomaten, mit Saft
  (aus der Dose)
- Salz
- frisch gemahlener
  Pfeffer
- 10 Basilikumblätter,
  in Streifen geschnitten
- 120 g geriebener
  Parmesan

1 Knoblauch abziehen und
zerdrücken. Die Hälfte der
Butter in einem Topf erhitzen,
Knoblauch hinzufügen und
umrühren.

2 Tomaten dazugeben,
mit Salz, Pfeffer und
einigen Basilikumstreifen
würzen, dabei die Tomaten
zerdrücken und 5 Minuten
kochen lassen.

3 Die restliche Butter in
Flöckchen darauf vertei-
len und mit Käse bestreuen.
Die Sauce beim Servieren mit
den restlichen Basilikumstreifen garnieren.

PESTO

Zubereitungszeit: 20 Min.

Pro Portion:
E: 22 g, F: 98 g, Kh: 9 g,
kJ: 4375, kcal: 1044

- 150 g frische Basili-
  kumblätter
- 8 Knoblauchzehen
- je 80 g geriebener
  Pecorino und Parmesan
  oder 160 g geriebener
  Parmesan
- 300 ml Olivenöl
- 100 g Pinienkerne

1 Basilikumblätter abspülen
und trockentupfen. Knob-
lauch abziehen.

2 Knoblauch, Käse, Öl, Pinienkerne und Basilikum
im Mixer pürieren.

■ Tipp:
Portionsweise einfrieren. Vor
dem Verwenden erwärmen
und gut verrühren. Tiefge-
kühlt etwa 6 Monate haltbar.

GORGONZOLASAUCE

Zubereitungszeit: 25 Min.

Pro Portion:
E: 12 g, F: 59 g, Kh: 14 g,
kJ: 2962, kcal: 708

- 600 g Tomaten
- 3 Schalotten
- 6–7 EL Olivenöl
- 200 ml Wermut
- 375 ml (⅜ l) Sahne
- Salz, Pfeffer
- 150 g Gorgonzola
- Basilikumblättchen

1 Tomaten kurze Zeit in
kochendes Wasser legen
(nicht kochen lassen), in kaltem Wasser abschrecken,
enthäuten, Stengelansätze
heraus schneiden, Tomaten
halbieren, entkernen und
klein schneiden.

2 Schalotten abziehen, fein
würfeln und in dem er-
hitzten Öl glasig dünsten. Tomaten hinzugeben und kurz
durchdünsten.

3 Mit Wermut ablöschen,
Schlagsahne dazugießen,
zum Kochen bringen und mit
Salz und Pfeffer würzen. Die
Sauce durch ein Sieb streichen
und nochmals erhitzen.
Gorgonzola hinzufügen und
unter Rühren in der Sauce
schmelzen lassen.

4 Basilikumblättchen abspülen, trockentupfen
und die Sauce damit garnieren.

■ Tipp:
Die drei Nudelsaucen zu
Nudeln oder Tortellini
reichen. Pro Portion rechnet
man etwa 125 g rohe Nudeln.

Für diese süße Sünden sollte man sich immer noch etwas Appetit lassen.

Der süsse Abschluss

Kiwi-Eis-Torte

Zubereitungszeit: 60 Min.,
ohne Gefrierzeit

Pro Portion:
E: 6 g, F: 62 g, Kh: 57 g,
kJ: 3500, kcal: 836

- **2 Pck. (je 100 g) Blätterteigbrezeln**
- **8 Kiwis**
- **200 g Aprikosenkonfitüre**
- **2 EL Orangenlikör**
- **3 Pck. (je 750 ml) Sahne- oder Vanille-Eis**
- **250 ml (¼ l) Schlagsahne**
- **2 EL Zucker**
- **1 Pck. Sahnesteif**
- **1 Dose (175 g) Mandarinen**

1 Eine Springform (Ø 28 cm) mit Blätterteigbrezeln auslegen.

2 Fünf Kiwis schälen, grob zerkleinern, mit Konfitüre und Orangenlikör mischen und mit einem Mixstab pürieren.

3 Die Eiscreme etwa 15 Minuten im Kühlschrank antauen lassen, die Hälfte der Eiscreme auf den Brezeln verteilen, etwas andrücken und die Kiwimasse darüber geben. Mit der restlichen Eiscreme bedecken.

4 Mit den übrigen Brezeln die Eiscreme belegen und im Tiefkühlfach etwa 3 Stunden einfrieren.

5 Sahne mit Zucker und Sahnesteif steif schlagen. Erst die Kiwischeiben der restlichen 3 Kiwis auf den Brezeln verteilen, dabei einen Außenrand von etwa 2 cm frei lassen, damit die Brezeln etwas sichtbar bleiben. Dann die Sahne auf die Kiwis streichen, mit einem Löffel Vertiefungen in die Sahne eindrücken. Die Torte mit Mandarinen garnieren.

6 Die Torte vor dem Servieren von Springformrand und -boden lösen und etwas antauen lassen.

■ Tipp:
Anstelle von Mandarinen frische Erdbeeren verwenden.

Schwarzwälder Kirschcreme

Foto
Zubereitungszeit: 90 Min.

Pro Portion:
E: 5 g, F: 10 g, Kh: 33 g,
kJ: 1072, kcal: 256

- **2 schwach geh. TL gemahlene Gelatine, weiß**
- **4 EL kaltes Wasser**
- **1 l Milch**
- **2 Pck. Pudding-Pulver Vanille-Geschmack**
- **150 g (6 gut geh. EL) Zucker**
- **10 EL kalte Milch**
- **etwa 3 EL Kirschwasser**
- **250 ml (¼ l) Sahne**
- **1 Pck. Vanillin-Zucker**
- **375 g entsteinte Sauerkirschen (aus dem Glas)**
- **geraspelte Schokolade**

1 Gelatine mit Wasser in einem kleinen Topf anrühren, 10 Minuten zum Quellen stehen lassen.

2 Milch zum Kochen bringen. Pudding-Pulver und Zucker mischen, mit der kalten Milch anrühren, unter Rühren in die von der Kochstelle genommene Milch geben, kurz aufkochen lassen.

3 Die gequollene Gelatine hinzufügen, so lange rühren, bis sie aufgelöst ist. Den Pudding kalt stellen und ab und zu durchrühren.

4 Das Kirschwasser unter den erkalteten, aber noch nicht fest gewordenen Pudding rühren. Sahne mit Vanillin-Zucker verrühren, steif schlagen, unter den Pudding heben (etwas zum Verzieren zurücklassen).

5 Die Sauerkirschen gut abtropfen lassen (einige zum Garnieren zurücklassen), mit der Sahnecreme abwechselnd in Dessertschalen schichten. Die oberste Schicht muss aus Sahnecreme bestehen.

6 Die Schwarzwälder Kirschcreme mit der zurückgelassenen Sahne verzieren, mit den restlichen Kirschen und der Schokolade garnieren.

Rumcreme

10–12 Portionen
Zubereitungszeit: 60 Min.

Pro Portion:
E: 18 g, F: 39 g, Kh: 19 g,
kJ: 2243, kcal: 536

- **8 Eier**
- **8 EL kochendheißes Wasser**
- **8 EL Zucker**
- **10 Blatt weiße Gelatine**
- **8 EL Rum**
- **1 l Schlagsahne**
- **100 g Zartbitterschokolade**
- **8 EL Schlagsahne**

1 Eier trennen. Eigelb mit dem Wasser schaumig rühren, bis eine cremige Masse entsteht. Nach und nach den Zucker unterrühren.

2 Gelatine nach Packungsaufschrift etwa 10 Minuten in kaltem Wasser quellen lassen. Dann die Gelatine abtropfen lassen, in dem Rum bei schwacher Hitze auflösen, etwas abkühlen lassen und dann unter die Eiermasse rühren.

3 Eiweiß steif schlagen und unter die Eigelb-Rum-Masse heben. Nach einigen Minuten die Creme noch ein paar Mal umrühren, damit sie sich nicht absetzt. Die steif geschlagene Sahne unterheben.

4 Schokolade in Stücke brechen und in der Sahne unter Rühren erwärmen, bis eine dickliche Masse entstanden ist. Diese dann auf die Rumcreme streichen.

Vanillecreme mit Schokoladensauce

**Zubereitungszeit: 55 Min.,
ohne Kühlzeit**

Pro Portion:
**E: 19 g, F: 38 g, Kh: 28 g,
kJ: 2280, kcal: 544**

Für die Vanillecreme:
- **12 Blatt weiße Gelatine**
- **750 ml (¾ l) Milch**
- **2 Pck. Vanillin-Zucker**
- **6 Eigelb**
- **150 g Zucker**
- **750 ml (¾ l)
  Schlagsahne**

**Für die Schokoladen-
sauce:**
- **500 ml (½ l) Milch**
- **200 g Zartbitter-
  schokolade**

- **einige abgezogene,
  gestiftelte Mandeln**
- **200 ml Schlagsahne**
- **Haselnusskerne**

1 Für die Vanillecreme die Gelatine in kaltem Wasser einweichen. Milch mit Vanillin-Zucker aufkochen.

2 Eigelb und Zucker cremig rühren. Die heiße Milch langsam einrühren, im heißen Wasserbad unter Rühren cremig binden. Das Wasser darf auf keinen Fall kochen.

3 Die Gelatine ausdrücken und unterrühren. Im Eiswasserbad unter Rühren abkühlen, bis sie anfängt zu gelieren.

4 Die Sahne steif schlagen und unterheben. Die Creme in eine ausgespülte Rehrückenform (2 Liter oder 2 1-Liter-Formen) füllen und etwa 6 Stunden kühl stellen.

5 Für die Schokoladensauce Milch erhitzen. Die Schokolade grob hacken und unter Rühren in der Milch schmelzen, dann abkühlen lassen.

6 Die Mandeln in einer Pfanne ohne Fett rösten. Sahne steif schlagen. Die Creme auf eine Platte stürzen. Sahne auf die Creme spritzen, die Haselnusskerne auf die Sahnetuffs setzen, mit gestiftelten Mandeln garnieren. Die Schokoladensauce dazureichen.

Drei-Schichten-Pudding

Zubereitungszeit: 60 Min.

Pro Portion:
E: 24 g, F: 87 g, Kh: 35 g,
kJ: 4704, kcal: 1125

Für die Schokoladen-
creme:
- **5 Blatt weiße Gelatine**
- **300 g Block-schokolade**
- **250 ml (¼ l) Milch**
- **1 l Schlagsahne**
- **etwas Zucker oder Puderzucker**

Für die Eierlikörcreme:
- **6 Blatt weiße Gelatine**
- **1 l Schlagsahne**
- **2 Pck. Vanillin-Zucker**
- **250 ml (¼ l) Eierlikör**

Für die Kirschlikörcreme:
- **5–6 Blatt rote Gelatine**
- **1 l Schlagsahne**
- **250 ml (¼ l) Kirschlikör**

Zum Bestreuen:
- **Raspelschokolade**

1 Für die Schokoladencreme Gelatine etwa 10 Minuten in kaltem Wasser einweichen.

2 Die Schokolade in heißer Milch unter Rühren auflösen. Die Gelatine nach Packungsaufschrift auflösen und unterrühren. Die Speise kalt stellen.

3 Sobald die Speise dicklich wird, Sahne steif schlagen und unterheben. Evtl. mit Zucker oder Puderzucker nachsüßen.

4 Die Masse in eine große Glasschale oder 2 mittelgroße Glasschalen füllen und kalt stellen.

5 Für die Eierlikörcreme die Gelatine etwa 10 Minuten in kaltem Wasser einweichen. Die Sahne steif schlagen und Vanillin-Zucker und Eierlikör unterrühren.

6 Die Gelatine nach Packungsaufschrift auflösen und vorsichtig unter die Eierlikörsahne heben. Die Masse vorsichtig auf die Schokoladencreme streichen und kalt stellen.

7 Für die Kirschlikörcreme Gelatine in kaltem Wasser einweichen. Die Sahne steif schlagen, mit Kirschlikör verrühren, evtl. süßen.

8 Die Gelatine nach Packungsaufschrift auflösen und vorsichtig unter die Kirschlikörsahne heben. Die Creme auf die Eierlikörsahne streichen und wieder kalt stellen. Vor dem Servieren mit Raspelschokolade bestreuen.

Buttermilch-Kirsch-Gelee

Foto

Zubereitungszeit: 2 Std.

Pro Portion:
E: 3 g, F: 10 g, Kh: 31 g,
kJ: 984, kcal: 235

- **3 Beutel Götterspeise Kirschgeschmack**
- **375 ml (⅜ l) Wasser**
- **300 g Zucker**
- **750 ml (¾ l) Buttermilch**
- **375 ml (⅜ l) Schlagsahne**

1 Götterspeise nach Packungsaufschrift zubereiten, aber mit jeweils 125 ml (⅛ l) Wasser und 100 g Zucker.

2 Sobald die Speise anfängt etwas dicklich zu werden, die Buttermilch darunter heben.

3 Sahne steif schlagen und unterheben.

4 Die Speise in Portionsgläser füllen und kalt stellen, bis sie erstarrt ist.

- **Tipp:**
Vor dem Servieren nach Belieben mit Sahne und Himbeeren garnieren. Vanillesauce dazu reichen.

Eisfrüchte

Zubereitungszeit: 30 Min., ohne Gefrierzeit

Pro Portion:
E: 3 g, F: 27 g, Kh: 37 g,
kJ: 1746, kcal: 418

- **Je 250 g frische oder tiefgekühlte Johannisbeeren, Himbeeren und Blaubeeren**
- **12 EL Zucker**
- **750 ml (¾ l) Schlagsahne**
- **einige frische Früchte zum Garnieren**
- **Zitronenmelisseblättchen**
- **Schokoblätter**
- **Puderzucker**

1 Beeren vorsichtig waschen, abtropfen lassen. Johannisbeeren von den Rispen zupfen. Himbeeren und Blaubeeren entkelchen, oder die Beeren auftauen lassen. Einige zum Garnieren zurücklassen.

2 Beeren, jede Sorte getrennt für sich, mit je 4 Esslöffeln Zucker pürieren.

3 Sahne steif schlagen und in drei Portionen aufteilen. Jede davon mit einer der Fruchtpürees verrühren.

4 Kleine Eisformen aus Metall mit der Masse füllen. Im Tiefgefrierfach des Kühlschrankes oder in der Tiefkühltruhe 2 Stunden gefrieren lassen. Zitronenmelisse abspülen und trockentupfen.

5 Zum Servieren die Formen kurz in heißes Wasser tauchen. Eisfrüchte herausstürzen, auf Teller legen und mit frischen Früchten, Schokoblättern und der Zitronenmelisse garnieren, mit Puderzucker leicht bestäuben.

Götterspeise

Foto

Zubereitungszeit: 70 Min.

Pro Portion:
E: 6 g, F: 24 g, Kh: 63 g,
kJ: 2170, kcal: 518

- 2 kg Schattenmorellen
- 200 g Zucker
- 2 Pck. Vanillin-Zucker
- 400 g Pumpernickel
- 6 EL Kirschwasser
- 100 g Halbbitter-
  schokolade
- 400 ml Schlagsahne
- 100 g feiner Zucker
- 400 g Crème fraîche
- geraspelte Schokolade

1 Einige Kirschen zurücklegen, die übrigen wa-
schen, entstielen, entsteinen,
den Saft dabei auffangen.
Kirschen und Saft mit dem
Zucker und dem Vanillin-
Zucker zum Kochen bringen,
nach 2 Minuten auf ein Sieb
geben. Etwa 400 ml Saft ab-
messen.

2 Brot in Scheiben schneiden und zwischen den
Fingern zerbröseln. Brot mit
dem warmen Kirschsaft be-
gießen und so lange ziehen
lassen, bis der Saft völlig auf-
gesaugt ist.

3 Kirschwasser hinzugeben.
Schokolade reiben und
unterrühren.

4 Sahne mit feinem Zucker
und Crème fraîche unter-
heben.

5 In eine Glasschüssel abwechselnd Kirschen,
Brotmischung und Sahne
schichten, mit Sahne abschließen. Mit den zurückge-
lassenen Kirschen und geraspelter Schokolade verzieren.
Götterspeise kalt stellen.

Tutti-Frutti

Zubereitungszeit: 60 Min.

Pro Portion:
E: 7 g, F: 5 g, Kh: 47 g,
kJ: 1233, kcal: 294

- 1½ l Milch
- 3 Pck. Pudding-
  Pulver Mandel-
  geschmack
- 1 Prise Salz
- 120 g Zucker
- 6 Pfirsiche
- 1 kg vorbereitete
  Himbeeren
- 3 EL Zitronensaft
- 3 EL Himbeergeist
- 1 Pck. Vanillin-Zucker

- 2 EL Zucker
- 1 Pck. (150 g) Löffel-
  biskuits
- 6 EL Himbeergeist

1 Aus Milch, Pudding-Pulver, Salz und Zucker nach
der Vorschrift auf dem Päck-
chen einen Pudding zubereiten, leicht abkühlen lassen,
dabei mehrmals umrühren,
damit sich keine Haut bildet,
oder mit Frischhaltefolie zudecken.

2 Pfirsiche enthäuten, halbieren, entsteinen, in
Spalten schneiden, mit den

Himbeeren, Zitronensaft und
Himbeergeist vermengen, mit
Vanillin-Zucker und Zucker
abschmecken.

3 Ein Drittel des Puddings
in eine Glasschale füllen.
Löffelbiskuits in kleinere
Stücke brechen, die Hälfte davon auf den Pudding legen,
mit der Hälfte von dem Himbeergeist beträufeln.

4 Die Hälfte des Obstsalates
darüber geben, mit ⅓ des
Puddings bedecken, so fort-
fahren, bis die Zutaten aufge-
braucht sind.

Cassata

Zubereitungszeit: 60 Min.,
ohne Gefrierzeit

Pro Portion:
E: 3 g, F: 24 g, Kh: 25 g,
kJ: 1481, kcal: 354

- **75 g Rosinen**
- **3 EL Rum**
- **30 g Cocktailkirschen**
- **4 EL Maraschino**
- **50 g Haselnuss-Krokant**
- **3 Tropfen Bittermandel-Aroma**
- **3 EL Amaretto**
- **6 Eigelb**
- **750 ml (¾ l) Schlagsahne**
- **150 g Zucker**
- **2 EL Zitronensaft**
- **1 Msp. Zimtpulver**
- **1 EL neutrales Speiseöl**

1 Rosinen in Rum einweichen. Cocktailkirschen in kleine Würfel schneiden, in Maraschino einweichen. Krokant mit Bittermandel-Aroma und Amaretto mischen.

2 Eigelb mit 4 Esslöffeln von der Sahne, Zucker und Zitronensaft im Wasserbad zu einer dicklichen Masse aufschlagen, aus dem Wasserbad nehmen, kalt schlagen. Restliche Sahne steif schlagen, unterheben.

3 Die Masse in 3 Teile teilen. Unter den ersten Teil die eingeweichten Rosinen und Zimt geben.

4 Eine Rehrücken- oder Kastenform (30 x 11 cm) dünn mit Öl ausstreichen. Die Rosinenmasse hineinfüllen, so dass auch die Wände der Form bedeckt sind, etwas anfrieren lassen.

5 Unter den zweiten Teil den Krokant geben und auf das angefrorene Rosineneis geben.

6 Unter den letzten Teil der Masse die eingeweichten Kirschen geben und in die Form füllen. Das Eis in das Gefrierfach stellen und fest werden lassen.

7 Cassata stürzen, in Scheiben schneiden, nach Belieben mit Sahne und Kirschen garnieren und auf gut gekühlten Tellern servieren.

- **Beilage:**
Fruchtsaucen oder Eierlikörsahne.

Himbeer-Tiramisu

Foto
Zubereitungszeit: 30 Min.

Pro Portion:
E: 15 g, F: 18 g, Kh: 30 g,
kJ: 1561, kcal: 373

- 450 g TK-Himbeeren
- 1–2 gestr. TL Espresso-pulver
- 3 EL kochendes Wasser
- 1 kg Magerquark
- 150 ml Schlagsahne
- 150 g Zucker
- 1 Pck. Bourbon-Vanillezucker

- 375 g Mascarpone
- 150 g Löffelbiskuits
- 100 ml Mandellikör
- 1–2 gestr. TL Kakao-pulver

1 Die Himbeeren auftauen lassen. Das Espressopulver in dem heißem Wasser auflösen.

2 Den Quark mit Sahne, Zucker, Bourbon-Vanillezucker und Mascarpone mit Handrührgerät mit Rührbesen verrühren.

3 Die Löffelbiskuits in eine flache Form (oder je nach Größe zwei Formen) legen und mit dem Espresso und Likör beträufeln.

4 Die Himbeeren (bis auf einige Früchte zum Verzieren) auf die Löffelbiskuits geben. Mascarponecreme darauf verteilen. Mit Kakao bestäuben, mit den restlichen Himbeeren verzieren und nach Belieben mit Zitronenmelisse garniert servieren.

Reis-Quark-Terrine

Zubereitungszeit: 3½ Std.

Pro Portion:
E: 22 g, F: 8 g, Kh: 48 g,
kJ: 1478, kcal: 353

- 400 g Parboiled Reis
- 14 Blatt weiße Gelatine
- 250 g Erdbeeren
- 750 g Sahnequark (40 % F.)
- 2 Pck. Vanillin-Zucker
- 125 g Zucker
- abgeriebene Schale von 1 Zitrone (unbehandelt)
- 4 EL Zitronensaft
- 25 g gehackte Pistazienkerne
- 2 EL Erdbeersauce

- Zitronenmelisse-blättchen
- Puderzucker

1 Reis nach Packungsaufschrift garen, auskühlen lassen. Gelatine 10 Minuten in kaltem Wasser einweichen.

2 Erdbeeren vorsichtig waschen, abtropfen lassen. Einige Erdbeeren zum Garnieren zurücklegen. Rest entkelchen, klein schneiden und zum Reis geben.

3 Sahnequark mit Vanillin-Zucker, Zucker, Zitronenschale und Zitronensaft verrühren. Gelatine leicht ausdrücken, mit wenig Wasser bei schwacher Hitze auflösen und unter den Quark rühren. Erdbeerreis und Pistazien untermengen.

4 Die Masse in eine große mit Wasser ausgespülte Kastenform geben. Im Kühlschrank in mindestens 2 Stunden fest werden lassen.

5 Reis-Quark-Terrine aus der Kastenform stürzen und mit Erdbeersauce, gewaschenen und trockengetupften Zitronenmelisseblättchen und kleinen Erdbeeren servieren, mit Puderzucker überstäuben.

Ratgeber

Wenn nicht anders angegeben, sind die Rezepte für 12 Portionen berechnet, sie können aber beliebig halbiert oder verdoppelt werden.

Wie soll das Fest aussehen? (Gestaltung)

Das Einladen von Gästen zu einer Party hat meist einen Grund: ein Geburtstag, eine Einweihung, eine Verabschiedung oder ein Wiedersehen mit Freunden.
Wie sich dieses Fest gestalten lässt, wird unter anderem durch folgende Punkte vorgegeben:
– Personenzahl
– Platz (räumliche Möglichkeiten)
– Zeitpunkt (Jahres- und Tageszeit)
– küchentechnische Ausstattung.

Bei 6–8 Gästen ist es gemütlich, das Essen am Tisch zu servieren. Je nach Anlass kann man eine festliche Tafel decken oder ein einfaches Abendessen. Auf jeden Fall sollte der Tisch mit Liebe gedeckt werden, denn auch das Ambiente trägt zu einem guten Essen bei.
Bei 10 und mehr Personen bietet sich ein Buffet an. Wenn nicht ausreichend Sitzplätze vorhanden sind, wird es eine Stehparty; ansonsten sitzt man in kleinen Grüppchen. Das Buffet wird an einem zentralen Punkt platziert; auch die Küche ist ein guter Platz. Hier hat man gleichzeitig die Möglichkeit, Speisen auf dem Herd warm zu halten. Eine Alternative wäre, die Speisen auf großen Stövchen oder auf Warmhalteplatten zu stellen. Bei einem Buffet ist zu beachten, dass ausreichend Geschirr und Besteck zur Verfügung gestellt wird.

Hat man einen Garten oder Balkon, kann man das Feiern im Sommer ins Freie verlegen. Allerdings sollte man sich für einen plötzlichen Wetterumschwung immer darauf einstellen, dass die Party kurzfristig ins Haus verlegt werden muss.
Brunch am späten Morgen oder am frühen Mittag ist in den letzten Jahren sehr populär geworden. Bei einem Brunch ist zu bedenken, dass man am Vormittag nicht so viel Zeit für die letzten Vorbereitungen hat. Anders sieht es bei einem Fest am Abend aus, wo einem tagsüber mehr Zeit bleibt.
Die küchentechnische Ausstattung ist ein weiterer Punkt, den ich bei der Umsetzung der Rezepte berücksichtigen muss. So sollte man zunächst überprüfen, ob man mit den notwendigen Küchenutensilien (große Kochtöpfe, Auflaufformen) ausgestattet ist oder ob man sich diese eventuell leihen kann.

Was serviere ich? (Speisenauswahl)

Auch die Speisenauswahl wird von den oben genannten Punkten mit beeinflusst. So kann für einen kleineren Personenkreis ein etwas aufwendigeres Rezept ausprobiert werden.

Es geschmacklich allen Gästen recht zu machen, ist noch nie einfach gewesen. Daher sollte man berücksichtigen, dass einige Speisen geschmacklich verschieden sind (z. B. eine Alternative zu Fisch oder zu Käse, sodass eine Auswahlmöglichkeit besteht).

Für das Zusammenstellen von großen Buffets sollte man keine zu große Auswahl anbieten, sondern sich an das Motto »Weniger ist mehr« halten. So bleiben die Vorbereitungen für den Gastgeber im Rahmen und das Buffet ist überschaubar.

Auf die genaue Mengenplanung wird im nächsten Abschnitt eingegangen.

Weiterhin schreibt mir die Jahreszeit vor, ob ich frischen Spargel oder einen deftigen Grünkohltopf auf den Tisch bringe.

Bei der Auswahl der Getränke ist erlaubt, was schmeckt. Folgende Hinweise sollten dabei beachtet werden:
- Zu allen nicht süßen Speisen passen trockene Weine am besten.
- Bis auf Rotwein sollten alle Getränke gut gekühlt serviert werden.
- Wein sollte qualitativ angemessen sein, zu einem deftigen Eintopf passt kein Spitzenwein.
- Einen ausreichenden Vorrat an Mineralwasser bereit halten.

Wie viel brauche ich?
(Mengenplanung)

Eine exakte Kalkulation für den Einkauf ist nur schwer zu nennen. Wie viel gegessen und getrunken wird, hängt von der Tagesform, dem Appetit und Durst der Gäste ab. Die durchschnittlichen Mengenangaben für 8 und 20 Portionen (s. Tabelle S. 154/155) sind als Anhaltspunkte zur Orientierung gedacht. Die Anmerkungen bieten zusätzlich zur Umrechnung noch eine Hilfestellung und einige Tipps.

Je größer die Gästerunde, umso schwieriger wird die Kalkulation. Die einen essen mehr, die anderen weniger, sodass es sich meist wieder ausgleicht.

Bei einem Buffet sollte man empfindliche Speisen (die nicht eingefroren werden können oder nicht länger aufbewahrt werden sollten) eher knapp bemessen und dafür andere reichlicher einplanen.

Wann muss ich was vorbereiten?
(Zeitplan)

Wenn die Mengenplanung steht, geht es an Einkauf und Bestellung. Staffeln Sie Ihre Einkäufe in:
- 1 Woche vor der Party (Vorräte überprüfen, Getränke, schmückendes Beiwerk, trockene Lebensmittel, Bestellungen)
- 1 oder 2 Tage vor der Party (Lebensmittel, die Sie zum Zubereiten von Gerichten brauchen, die bereits am Vortag gemacht werden)
- am Tag der Party (frische Lebensmittel, Bestellungen abholen, Brot).

Damit nichts vergessen wird und die Vorbereitungen möglichst reibungslos ablaufen, ist ein Termin- und Arbeitsplan sehr hilfreich. Auf diesem Plan sollten alle Einzelheiten (Anzahl der Gäste, Speisenplan, Einkäufe, Geschirr, Tischdekoration, sonstige Vorbereitungen) festgehalten werden.

Wenn es dann an das Zubereiten der Speisen geht, sollte man sich die Arbeit so einteilen, dass möglichst viel am Vortag erledigt werden kann.

Um die Arbeitszeiten genauer einzuschätzen, sind bei den Rezepten Zubereitungszeiten angegeben, die als Richtwerte zu betrachten sind.

Einige Tipps für ein gelungenes Buffet:

Der Tisch muss gut zugänglich sein, besonders wenn sehr viele Menschen bewirtet werden, damit sie sich nicht gegenseitig im Weg stehen.

Die Speisen sollten in der Reihenfolge des Verzehrens aufgestellt werden, d. h. an einer Seite beginnend die Vorspeisen, dann die Hauptspeisen, und am anderen Ende das Dessert. Teller, Bestecke und Servietten können am Anfang des Buffets platziert werden. Teller und Bestecke sollten reichlich vorhanden sein, da im Laufe der Feier auch gern mehrmals zugegriffen wird.

Damit die Speisen übersichtlich und schön platziert werden können, sollte man unterschiedliche Höhen dafür einplanen. Dafür bieten sich Kartons, Holzblöcke, Formen, Dosen oder auch umgedrehte Schüsseln und Töpfe an. Allerdings müssen die Gegenstände groß genug sein, um die Speisen standhaft darauf abstellen zu können.

Mit reichlich Stoff (z. B. Dekostoff vom Meter) wird das Darunter gut verhüllt. Sehr hübsch sieht es aus, wenn an der Tischkante der Stoff gerüscht festgesteckt und mit einer breiten Schleife dekoriert wird.

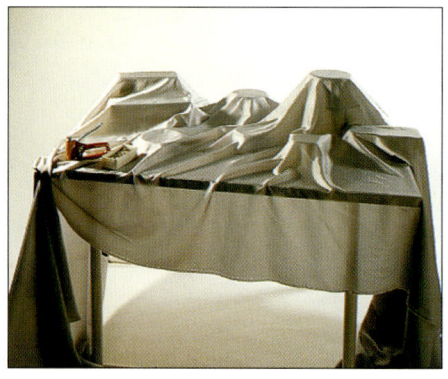

Fertige Fisch-, Wurst- oder Käseplatten, die schön dekoriert sind, sind für ein Buffet eine beliebte und gut vorzubereitende Augenweide. Die Auswahl und Menge der Zutaten ist ganz Ihnen überlassen. Es gilt aber immer die Regel: Das Auge isst mit!

Eine Honigmelone zick-zack-förmig aufschneiden. Die Kerne herausschaben und die Melone mit Krabbensalat füllen.

Es sieht ebenfalls sehr schön aus, Gurkenstücke zick-zack-förmig einzuschneiden und z. B. mit Heringsalat zu füllen. Einige Kräuterzweige, Zitronenviertel und Zwiebelringe machen sich optisch sehr gut, sind aber auch willkommene Beilage zum Fisch. Einige Salatblätter und etwas Obst lockern das Ganze auf.

Garnierungs- und Verzierungsvorschläge:

Von einer geschälten Gemüsezwiebel eine Kappe abschneiden. Zwiebel achtmal bis zur Mitte einschneiden, dann den inneren Teil der Zwiebel herausdrehen, etwa 4 Zwiebelschichten stehen lassen und Mett hineinfüllen.

Aus geraden Gurken kann man gut Spiralen formen: Die Enden der Gurke abschneiden, durch die Gurkenmitte einen Holzspieß schieben. Nun rundherum möglichst gleichmäßig einschneiden, dann den Stab heraus ziehen und die Spirale auseinander ziehen.

Gewürzgürkchen der Länge nach halbieren, dann auf einem Brett parallel von oben nach unten fein einschneiden. Nun wie zwei kleine Fächer etwas auseinander ziehen.

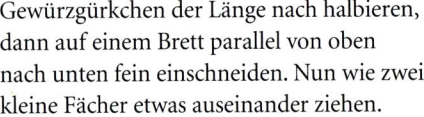

Mit verschiedenen kleinen Ausstechformen, wie z. B. Blütenmuster, Herzen oder Sterne, lassen sich aus Gurkenscheiben dekorative Muster ausstechen. Auch Zucchini, Paprika oder Möhren- oder Rettichscheiben können gut damit geformt werden.

Für Radieschenblüten werden einige Radieschen in feine Scheiben geschnitten. Einige Radieschen viermal kreuz und quer einschneiden. Nun jeweils eine Scheibe in die Schnittflächen stecken, sodass acht „Blütenblätter" entstehen.

Wenn eine Käsecreme für die Käseplatte angedacht ist, kann die Creme entweder auf Salatblättern angerichtet werden oder auch in Spritzbeuteln gefüllt und dann auf Selleriestangen gespritzt werden.

Für Paprikafächer aus verschiedenfarbigen Paprikaschoten die Schoten in Dreiecke schneiden. Dann von der Innenseite her mehrfach einschneiden. Nett sehen mehrere Fächer in verschiedenen Farben übereinander gelegt aus.

Eine Gurkenscheibe bis zur Mitte hin einschneiden. Die Enden dünn gegeneinander verdrehen. Auf diese Art entsteht eine »Gurken-Acht«. Ebenso können Zitronenscheiben verarbeitet werden.

Rezept	8 Pers.	20 Pers.	Anmerkungen
Tortilla vom Blech	1	2	Bei 8 Portionen 10 statt 14 Eier und 500 g Kartoffeln
Herrentorte, pikant	⅔	1½	
Bruschetta	⅔	1½	Das Brot kann auch mit Olivenöl bestrichen im Backofen aufgebacken werden
Eier, garniert	⅔	2	Für 8 Personen kann aber auch die ganze Menge zubereitet werden. Restliche Eier, mit Folie bedeckt, sind noch 1 Tag im Kühlschrank haltbar
Gefüllte Fleischbällchen	1	2	Übrig gebliebene Bällchen im Kühlschrank aufbewahren, schmecken auch kalt sehr gut
Gefüllte Tomaten	1	2	
Gefüllte Riesen-Champignons	1	2	
Party-Baguette	⅔	2	Bei 20 Personen nur 20 Baguettes belegen
Gemüse-Crostini	½	1½	
Krosse Käsestangen	1	2	Käsestangen lassen sich gut einfrieren und wieder aufbacken
Schinken-Käse-Brötchen	½	1½	
Fruchtige Piroggen	1	2	Piroggen lassen sich gut einfrieren und wieder aufbacken
Clubsandwiches	1	2	
Puten-Sandwiches	1	2	
Gefüllter Sesamring	⅔	2	Bei 20 Personen doppeltes Rezept, aber nur 20 Ringe
Thunfisch-Sandwich	1	2	
Lumpensuppe	1	2	Übrig gebliebene Suppe einfrieren
Feuertopf, scharf-süß	⅔	1⅔	
Bohnensuppe mit Lammfleisch	⅔	1⅔	
Feuerbohnentopf	1	2	Bei 8 Personen 1 kg, bei 12 Personen 2 kg Hackfleisch nehmen und weniger Öl
Zwiebelsuppe mit Käse	⅔	1½	
Reitersuppe	1	2	Lässt sich gut einfrieren
Blitzgulasch	⅔	1½	
Wirsing-Möhren-Gemüse mit Mettbällchen	¾	1½	
Pizza-Suppe	¾	1¾	
Kartoffel-Porree-Suppe	⅔	2	
Kartoffelauflauf	½	2	Für 8 Personen Zutaten in eine Auflaufform schichten
Makkaroni-Brokkoli-Kuchen	1	2	
Gemüse-Pizza	1	2	Pizza kann nach dem Backen gut eingefroren werden. Dann 5 Minuten aufbacken
Party-Pizzen	¾	1¾	Für 8 Personen Teigplatten von 10 cm Ø ausrollen
Knochenschinkenschüssel mit Spätzle	½	1½	Für 20 Personen können auch 2 große Auflaufformen verwendet werden, dann erhöht sich die Backzeit etwas
Auflauf Hawaii	½	1½	Für 8 Personen eine Spring- oder Auflaufform verwenden
Krabben-Mozzarella-Quiche	½	–	Für 8 Personen 2 Springformen (Ø 24 cm) verwenden Für 20 Personen ist das Rezept nicht geeignet
Mexikanische Schnitzelpfanne	1	2	Jedoch die Schnitzelanzahl auf die Personenanzahl reduzieren oder erhöhen. Ketchupmenge: 500 ml bzw. 1 l
Kartoffel-Matjes-Auflauf	1	2	Matjesfilets auf Personenzahl reduzieren oder erhöhen
Winzerroulade	1	2	Übrig gebliebene Taschen einfrieren
Apfel-Kürbis-Tarte	½	1½	Bei der 2. oder 3. Form erst kurz vor der Backzeit die Eiersahne übergießen
Quiche Lorraine	½	1½	Für 8 Personen in einer Quiche oder Springform (Ø 28 cm) backen
Paella	1	1½	Für 8 Personen in einer Pfanne oder einem Topf zubereiten
Bratwurst-Auflauf	1	1½	Für 8 Personen die Bratwürste etwas reduzieren
Pizzataschen	½	1½	Reste einfrieren
Bauernbrot »Calzone«	1	2	Reste sind kein Problem, schmeckt auch sehr gut kalt
Hawaii-Schnitzel	⅔	1⅔	Bei 20 Personen eine Fettfangschale verwenden und die Backzeit um 20 Minuten verlängern
Bayrischer Krautbraten	1	1½	Bei 20 Personen 2 Braten zubereiten und nebeneinander in eine Fettfangschale legen
Hähnchenfilet Tomato al gusto	1	2	Bei 8 Personen nur die Fleischmenge angleichen
Gyrospfanne mit Knoblauch-Dill-Quark	⅔	1½	

Rezept	8 Pers.	20 Pers.	Anmerkungen
Burgunderbraten	1	1½	Bei 8 Pers. Fleischmenge auf 1,4 kg, Flüssigkeitsmenge auf jew. ⅜ l reduzieren
Krustenschinken	⅔	1	Bei der kleineren Menge einen Bräter benutzen, der größeren Menge 4 kg Fleisch nehmen
Schnitzeltopf, mit Käse	⅔	1½	Für die kleine Menge einen Bräter verwenden
Trapper-Zwiebelsteakpfanne	½	1½	
Ananas-Kasseler in Sauerkraut	½	1	Für 8 Personen 1½ kg Kasseler, für 20 Personen 3,5 kg
Lammrückenfilet im Wirsingmantel	1	2	Bei der reduzierten Menge nur 1 kg Lammfilet und 1 Kopf Wirsing verarbeiten
Fleischröllchen mit Schinken-Salbei-Füllung	½	1½	Nur die Anzahl der Schnitzel auf Personenanzahl anpassen
Caprisalat	¾	1¾	
Bohnensalat, bunt	½	1½	Bei 8 Pers. können Tomaten u. Zwiebeln wie für 12 Pers. genommen werden
Teufelssalat	¾	1¾	
Scharfer Nudelsalat	1	1½	Bei 8 Pers. Nudeln auf 375 g reduzieren, bei 12 Per. Gemüsemenge verdoppeln
Hähnchensalat	½	1½	Aber 2 Äpfel und 2 Paprikaschoten
Waldorfsalat	½	1½	Bei ½ Rezept jeweils 750 g Apfel und Sellerie berechnen
Porreesalat	½	1½	Bei halbem Rezept 3 Porreestangen und 2 Gläser Sellerie
Carmensalat	¾	2	
Sauerkrautsalat	1	2	Reste sind noch gut haltbar
Bunter Salat mit Schafskäse-Dip	1	2	Bei 8 Personen ½ Eisbergsalat und 150 g Champignons nehmen
Thunfischsalat	¾	1¾	
Heringssalat	½	1½	Bei ½ Rezept 2 Gläser Heringe zubereiten
Warmer Auberginensalat	1	2	Jeweils nur 175 g Reis nehmen
Bunter Kartoffelsalat	⅔	2	
Weißkohl-Möhren-Salat	⅔	1½	
Feldsalat mit Käse und Speck	⅔	1½	
Nudel-Geflügel-Salat	1	2	
Couscoussalat	½	1½	Gemüse kann bei ½ Rezept wie 12 Personen genommen werden
Emmentaler Kartoffeln	1	2	Bei 8 Personen nur 2 kg Kartoffeln und ⅜ l Brühe verwenden. Bei 20 Personen eine Fettfangschale benutzen
Obatzter	1	2	Obatzter hält sich im Kühlschrank 1 Woche
Chimmi-Churi	1	2	Reste sind sehr lange haltbar
Ratatouille-Gemüse, eingelegt	1	2	Sehr lange haltbar
Bratkartoffeln auf dem Blech	⅔	1½	
Pommes frites	¾	–	Bei größeren Mengen auf TK-Pommes frites zurückgreifen
Endiviensalat	¾	1¾	
Risi Bisi	⅔	1½	Evtl. Reste einfrieren
Partybrot mit 4-Käse-Füllung	1	2	Reste schmecken auch kalt sehr gut
Teufelssauce	1	2	Mehrere Tage haltbar
Casanovasauce	½	1½	
Fächerkartoffeln	1	2	Pro Person 2 Kartoffeln berechnen
Kartoffeln, überbacken	1	2	Kartoffeln und Käsescheiben der Personenanzahl anpassen
Dreierlei Nudelsaucen	1	2	Für 8 Personen entweder nur 2 Saucen anbieten oder Reste evtl. einfrieren
Kiwi-Eis-Torte	1	2	Bei 8 Pers. 2 kleine Formen nehmen u. nach Bedarf nach u. nach entnehmen
Schwarzwälder Kirschcreme	1	2½	
Rumcreme	¾	2	
Vanillecreme mit Schokosauce	⅔	2	Schokosaucenmenge für 8 Personen kann beigehalten werden
Drei-Schichten-Pudding	½	1½	
Buttermilch-Kirsch-Gelee	⅔	2	Doppelte Menge in 3–4 Schüsseln füllen
Eisfrüchte	1	2	Nach Bedarf nach und nach entnehmen
Götterspeise	1	2	
Tutti-Frutti	⅔	1⅔	
Cassata	1	2	
Himbeer-Tiramisu	¾	1½	
Reis-Quark-Terrine	½	1½	Für 20 Personen mehrere kleinere Formen wählen

Kapitelregister

Kapitelregister

Alphabetisches Register

Alphabetisches Register

HEYNE-KOCHBUCH
07/2033

2. Auflage

Hinweise: Bitte beachten Sie bei Gasherden die Gebrauchs-
anweisung des Herstellers.

Wenn Sie Anregungen, Vorschläge oder Fragen haben,
rufen Sie uns unter folgenden Nummern an:
(05 21) 1 55 25 80 oder (05 21) 52 06 45. Oder schreiben
Sie an: Dr. Oetker Verlag KG, Redaktion,
Am Bach 11, 33602 Bielefeld.

Wir danken für die Niederländisches Büro für Milcherzeugnisse,
freundliche Unterstützung: Rijswijk, Niederlande
Heinrich Bauer Service KG, Hamburg
Integra Communication, Hamburg
Ketchum Public Relations, München
Miele Versuchsküche, Gütersloh
Wirths PR, Fischau

Copyright: © 1998 by Ceres Verlag, Rudolf August Oetker KG,
Bielefeld
© 2002 der Taschenbuchausgabe by
Wilhelm Heyne Verlag GmbH & Co. KG, München
http://www.heyne.de
Printed in Germany 2003

Redaktion: Andrea Konetzke

Fotos: Thomas Diercks, Hamburg
Bavaria-Bildagentur
Ulrich Kopp, Füssen
Herbert Maass, Hamburg
Norbert Toelle, Bielefeld
Brigitte Wegner, Bielefeld
Zottarella

Grafisches Konzept: Björn Carstensen, Hamburg

Gestaltung: M·D·H Haselhorst, Bielefeld

Umschlaggestaltung: KonturDesign, Bielefeld

Reproduktionen: MOHN Media • Mohndruck GmbH, Gütersloh

Satz: Gramma GmbH, München

Druck und Bindung: Offizin Andersen Nexö, Leipzig

ISBN 3-453-19961-8